JN437384

내 영혼과
추억 속의
사람들

내 영혼과 추억 속의 사람들

1쇄 발행일 | 2018년 09월 10일

지은이 | 정건섭
펴낸이 | 정화숙
펴낸곳 | 개미

출판등록 | 제313-2001-61호 1992. 2. 18
주소 | (04175) 서울시 마포구 마포대로 12, B-108호(마포동, 한신빌딩)
전화 | (02)704-2546
팩스 | (02)714-2365
E-mail | lily12140@hanmail.net

ISBN 978-89-94459-94-3 03810

값 15,000원

내 영혼과
추억 속의
사람들

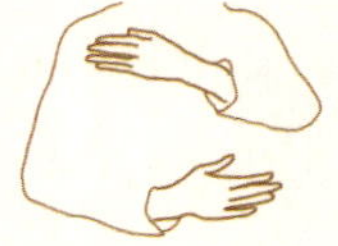

정 건 섭 지 음

개미

작가의 말

사람이 세상에 태어나 죽을 때까지 얼마나 많은 사람들을 만날 수 있을까? 또 얼마나 많은 사람을 기억할 수 있을까?

그 모두를 기억한다는 것은 정말 불가능한 일일 것이다. 마치 밤하늘의 별들을 헤다 포기하는 것과 마찬가지일 것이다.

그러나 절대 잊지 못할 별들이 있다. 밤하늘 눈부시게 빛나는 샛별 금성이나, 인간에게 무수한 영향을 끼친 북극성, 북두칠성, 오리온자리 그리고 밤하늘을 밝혀주는 달과 달빛, 아침이면 어김없이 떠오르는 아름답고 밝은 태양과 그가 뿜어내는 찬란한 햇살…… 어찌 그 별들을 잊을 수 있겠는가.

나 또한 마찬가지다. 세상에 태어나 무수한 사람들을 만났다.

그러나 그 모두를 기억할 수는 없다. 애써 기억하려 하면 망각 속에서도 그물에 걸리는 물고기처럼 기억이 건져주는 사람들이 있겠지만 애써 기억할 필요도 없이 언제든 생각나고 그립고 만나보고 싶은 얼굴들이 있다.

반면 잊고 싶은 사람도 많다. 만나면 외면하고 싶은 그런 얼굴도 있다. 하지만 그 역시 평소에는 망각 속에 가두어놓고 산다.

누군가 나에게 정말 기억에 남고 추억에 남는 사람은 누구인가? 물으면 이렇게 대답할 것이다. 나에게는 두 종류의 잊을 수 없는 사람들이 있다고.

그 하나는 내 인생에 깊은 영향을 주신 분들과 뜻하지 않게 인연을 맺어 오래 기억에 남는 사람들이다. 그리고 그들 대부분은 밤하늘에 빛나는 별 같은 사람들이라고.

지금 생존해 계신 분들도 있지만 이미 타계하신 분들도 많다. 그리고 나도 이미 세상과 이별할 나이가 얼마 남지 않아 글로나마 그 추억을 영원히 간직하고 싶다고.

그러다 작정한 것이 이 책이다.

'내 영혼과 추억 속의 사람들.' 이 글로나마 나와 인연을 맺었던 분들에 대한 소중한 기억들을 간직하고자 한다.

나는 일제 강점기 시절인 1943년 5월(음력 4월 9일) 충북 충주에서 태어났다. 기억이 있을 수 없겠지만 아마도 내가 태어난 것을 알리기 위해 세상을 향해 아~악 대며 울었을 것이다. 나를 기억해달라고. 3살 때 독립되었고 7살이던 1950년 김일성 정권의 남침으로 6 · 25를 겪었다.

이후 1 · 4 후퇴, 4 · 19, 5 · 16 등 격동의 세월을 겪는 동안 그래도 죽지 않고 버티며 살아왔다. 그렇게 오늘 2018년까지 살아오고 있다.

전쟁으로 죽을 고비도 겪었고, 살면서 죽어버리고 싶은 날도 하루이틀이 아니었다.

누구나 마찬가지겠지만 그래도 행복한 날도 있고 보람찬 일도 많았다.

충주에서 남산초등학교를 다녔다.

초등학교 5학년 시절 당시 어린이를 위한 소년 소녀 잡지 두 권이 서울에서 발행되었다. 《새벗》과 《소년세계》가 그것이다. 이들 잡지는 만화, 어린이 세계명작, 동화 등을 중심으로 한 교양 잡지였다. 그리고 전국 어린이들을 대상으로 한 문예물, 동시, 꽁트 등을 모집하여 창작의 꿈을 심어주었다. 전국 대상이니 당선되는 것은 하늘의 별따기였다.

글쓰기를 좋아했던 나는 며칠을 준비하여 「가죽장갑」이라는 꽁트를 써서 《소년세계》에 응모하였는데, 이것이 덜컹 당선된 것이다. 이때가 1954년 12살, 5학년 때다.

교장 선생님은 전교 아침 조회시간에 나를 연단으로 불러내 세워놓고 이 사실을 공개했고 당선작을 읽어 주셨다.

이것이 내가 작가의 꿈을 키우게 된 동기였다. 당시 중 · 고등학생을 위한 잡지도 있었는데 그것이 바로 그 유명한 《학원》이다. 나의 누님 정재은(본명 정인순 작고)은 학원에 시를 발표하였고 후에 서울에서 발행하던 여성 잡지 《여원》에서 공모한 여성 문예물에 「방천 둑 사람들」이란 중편소설이 당선되어 남매 문인 탄생을 예고하기도 했다.

이렇게 어려서부터 책에 묻혀 성장하며 나는 정말 많은 사람들을 만났다.

내 영혼에 엄청난 영향을 끼친 분들, 잊을 수 없는 추억의 사람들, 당장이라도 만나보고 싶은 얼굴들, 내 기억에 박혀 틈틈이 꺼내

보는 얼굴들, 종교인, 정치인, 체육인, 탈북인사, 문학인, 방송인, 연예인 친구들……

삶의 지표가 되어주신 분들을 만나지 못하고 일생을 마친다는 것은 불행한 일이다. 또 나이 들어 추억할 사람이 없다는 것은 더 불행한 일이다.

그런데 다행이게도 내겐 이런 분들이 참 많았다.

이들을 잊지 않기 위해 남은 여생에 추억으로 남기자는 뜻에서 『내 영혼과 추억 속의 사람들』이란 제목으로 이 책을 출간하게 되었다.

1983년 『덫』이라는 추리소설을 발표하여 작가로 데뷔하였다. 그것이 전국에 화제작으로 보도되어 알려졌다. 출판 일 개월 만에 베스트셀러가 되었고 출판 석 달 만에 MBC에서 방영하던 MBC 베스트셀러 극장에서 임채무, 김동현을 주인공으로 드라마를 만들어 방영되었다. 그 덕분에 행운의 기회를 잡은 것이다. 급기야 신문에 소설을 연재하게 되었고(매일경제 석간에서 조간으로 전환 기념대작, 《스포츠서울》 창간호 기념작, 《일간스포츠》 20주년 기념작, 《스포츠조선》 2회, 《주간조선》, 《경향신문》 등) 그리고 MBC 라디오 드라마 〈심야 추리극장〉을 집필도 해보았다. 우연스럽게도 문학상을 받고 KBS에 인터뷰 갔다가 잡혀 마이크를 잡고 방송 MC도 수년간 진행해 보았다. 여기서 또 새로운 사람들을 만났고 깊이 정들인 사람이 한둘이 아니었다. 방송국에는 대한민국 각 분야의 대스타들이 총집합하는 곳이기 때문이다.

어느 날 내 작품이 영화화되고 드라마되면서 연예인들과도 사귀게 되었고 박태준, 박철언 두 분과 알게 되어 많은 정치인들과 친분도 갖게 되었다.

운동과 취미로 탁구를 오래 쳤다. 여기서 또 국가대표 스타들을 만나 친분을 맺고 많은 도움을 받기도 했다.

이렇게 다양한 분야의 사람들을 만나고 접하는 동안 내 영혼에 많은 영향과 추억을 주신 분들이 이 책의 주인공들이다.

이런 면에서 나는 짧은 인생에 이런 분들과 그분들의 세계를 알게 되는 행운을 얻은 것이다.

그냥 죽을 수 없다. 지금 나의 삶은 여분의 삶을 사는 것이다. 내가 살아있는 시간을 이분들에 대한 고마움과 추억으로 남기고 싶었다.

『내 영혼과 추억 속의 사람들』 이들에게 누가 되지 않을지 걱정이지만 나는 함께 기뻐하리라 믿고 이 책을 낸다.

저를 사랑해 주셨던 이름 모를 많은 독자분들, 내 영혼과 추억에 남아있는 분들 정말, 정말 감사드립니다.

그리고 사랑합니다.

2018년 9월

정건섭

| 차례 |

내 영혼과 추억 속의 사람들

정훈택

진심으로 존경하는 종교인

정훈택 목사 · 맥아더 장군 통역장교

충북에 증평이란 지역이 있다. 지금은 군 단위로 성장했지만 1957년엔 읍 단위의 보잘것없는 지역이었다. 그리고 여기서 5Km 더 산골로 들어가면 청안이라는 초라하기 이를 데 없는 면 단위 시골이 나온다.

1957년 2월 아직 찬바람이 몰아치는 겨울. 한 소년이 증평에서 청안을 향해 터벅터벅 걷고 있다. 눈에는 가끔 눈물이 맺히기도 한다. 추위 탓이기도 했지만 그 눈물 속에는 어이없는 서러움이 깃들여있기 때문이다.

그 소년은 이제 15살이 된 나였다. 충북서는 그래도 알아주는 명문 충주중학교에서 1학년을 마친 나는 전교생 총 학생 수가 100명도 채 안 되는 청안중학교로 강제 전학을 가고 있는 것이다. 5년 전 설립한 학교다.

충주 남산초등학교 시절 전국을 총망라하는 잡지에 글이 실렸고, 당시 유행하던 웅변대회에 안영수(경희대 인문대학장을 역임한 여자 동창,

뒤쪽에 등장함)와 빠짐없이 학교대표로 출전해 이름을 날리던 나였다. 충주중학교에 입학한 1학년 때 선배들을 물리치고 교지 '중앙탑'에 단편소설을 발표한 나였다. 그런 내가 어이없게도 산골 중학교로 강제 전학을 가게 된 것이다. 어떻게 이런 황당한 일이 벌어졌을까?

이야기는 6 · 25와 1 · 4 후퇴로 이어진다.

1950년 6월 한국전쟁이 터졌다. 아버지께서는 잘해야 한 달 정도면 전쟁이 끝나지 않겠느냐며 집 문을 잠그고 충주 인근 시골로 피난을 갔다. 그러나 서울, 수원, 대전으로 가는 길과 서울, 이천, 장호원, 충주로 가는 길이 부산까지 가는 유일한 길목이다.

임진왜란 때도 충주가 부산에서 한양까지 가는 길목이어서 신립 장군이 왜군을 맞아 배수의 진을 치고 버티다 탄금대에서 장렬하게 전사한 전투 요지가 된 충주다. 전쟁으로 엄청난 피해를 보고 9 · 28 수복이 되었지만 몇 달을 버티지 못하고 중공군이 개입하여 1 · 4 후퇴가 시작되었다. 엄동설한 속에 우리 가족은 이번엔 아예 산골인 청안으로 피난을 가버렸다.

이곳은 아버지 고향이며 우리 집안들이 꽤 모여 살던 시골이다. 그리고 집안 어른들의 보살핌으로 혹독한 전쟁의 고생을 피할 수 있게 되었다. UN군의 참전으로 중공군이 물러나고 우리 가족은 다시 충주로 돌아올 수 있었다.

그런데 이곳 청안에 친척 할아버지뻘 되시는 분이 중학교를 설립하셨다, 국민학교를 졸업하고 중학교를 가려면 증평까지 가야 하는데 교통편이나 경제적으로 너무나 열악하여 대개 중학교 진학을 포기했기 때문에 이 시골에 중학교(남여 공학)를 세운 것이다. 그러나 학생 머릿수를 채우기 어려웠다. 교장이신 친척 할아버지께서는 분명 선구자이셨지만 열악한 환경을 극복하는 데는 많은 어려움이 있었고, 드디어 충주에 있는 나까지 불러드린 것이다.

1 · 4 후퇴 당시 많은 은혜를 입은 우리집은 거절할 수가 없었다. 나 역시 많은 신세를 진 친척의 요청을 거절할 수 없어 이 산골로 강제 전학을 하게 된 것이다.

정천일(鄭千一) 교장 할아버지는 장로교회 장로님이셨다. 그리고 다니는 교회(청안장로교회) 목사님을 초빙하여 1주일에 두 시간 성경을 가르치고 있었다. 그러니까 목사님은 이를테면 미션계의 교목인 셈이다.

이분이 바로 정훈택 목사님이다. 그리고 나는 처음으로 기독교를 접하게 되었다.

전화위복이라는 말이 있다. 화를 입었다고 생각한 것이 오히려 복이 되었다는 말 아닌가?

충주에서 이런 면 단위 시골로 올 때의 참담함은 분명 화(禍)였지만 그러나 그것은 내게 복이 되었다. 이 시골에서 나는 정말 엄청난 두 분을 만난 것이다.

그 한 분이 정훈택 목사님이었고 또 한 분은 만주 벌판에서 일본군의 간담을 서늘하게 만들었던 독립군 지도자 철기 이범석 장군이다. 만일 내가 이 시골로 전학 오지 않았다면 평생 이 두 분을 만날 기회가 없었을 것이다. 이 사건이 내게 전화위복이 된 이유다.

나는 약 1,300여 권의 책을 가지고 있다. 아끼고 아끼는 책들이다. 집이 협소하여 더 이상 장서를 간직할 수가 없다. 문학 관련 서적, 철학, 사상, 서양 문화사에 관한 책, 선후배들이 자신들의 책을

청안교회 목회 시절

정성스럽게 서명하고 포장해 보내준 책들이다.

그런데 이중 10% 정도는 종교에 관한 전문 책들이다. 대부분 기독교 서적들이고 불교에 관한 서적도 결코 적지 않다. 기독교 책이라 해서 성경만 공부하는 게 아니다. 대부분 세계적인 신학자들이 이스라엘에서 공부하고 연구한 책들인데 나는 이 책들에 흠뻑 빠져 있었다. 웬만한 목사님들은 구경도 못한 책들이 수두룩하다.

유대교의 탄생을 알려면 이집트 파라오를 알아야 한다. 모세가 시작한 유대교의 원천이다. 그리고 파라오가 되기 위한 역사적 연구서. 모세에게 영향을 준 파라오 제도…… 아메리카 발견으로 미국으로 건너간 크리스찬(청교도 사람들)들이 왜 흑인들을 죄의식 없이 잡아다 노예로 삼았나? 모세의 후계자 여호수아는 왜 몇백 년을 지배한 여리고성 사람들을 무참히 전멸시켰나? 미국이 발행한 1달러 지폐에 왜 피라미드 그림이 있나 그리고 거기에 왜 한쪽 눈이 그려져 있나? 솔로몬의 보물들은 지금 어디에 있는가? 이런 흥미진진한 연구서들이며, 예수 재판에서 예수 대신 목숨을 건진 '바라바'는 도대체 어떤 인물이기에 유대인들로부터 예수 대신 목숨을 건졌나? 예수와 막달라 마리아와의 관계는?

책을 구하면 밤샘하며 읽어댔다. 구하기 힘든 도마 복음서, 마리아 복음서를 통해 처음으로 콥트어(고대 이집트어)를 만나기도 했다.

어쩌다 이렇게 보통 사람들은 관심도 없는 유대 역사와 기독교 줄기에 흥미를 가지게 되었을까? 바로 정훈택 목사님 때문이다.

정훈택 목사님.

그분은 도대체 누구인가? 왜 이 산골에서 목회를 보고 있나? 그분의 삶은 어떠한가?

1950년대 당시 우리 말(言)까지 합쳐 5개 국어를 구사할 수 있는 사람은 결코 흔하지 않았다. 그런데 정훈택 목사님은 이 5개 국어에 능통한 분이다. 영어, 일어, 히브리어, 헬라어까지. 청안중학교로 전학하고 한참 후에 안 사실이지만 6·25 때 잠시 맥아더 장군의 통역까지 맡아 했었다고 전해 들었다.

그뿐 아니라 목사님은 이승만 정권 자유당 시절 천재로 소문난(워낙 유명한 분이라 이건 나도 알고 있던 사실이다.) 황성수(黃聖秀)라는 국회부의장이 있었다. 이분의 처남되는 분이다. 그러니까 그만한 실력에 그만한 배경이라면 서울 최고 신학대학 총장을 해도 모자람 없는 분이다. 그런데 이분이 이 초야에 묻혀 어린 우리들에게 성경을 가르치고 코딱지처럼 쬐끄만 교회 목회를 보고 있다. 내가 충주서 이 산골로 강제 전학 온 것은 비교도 안 되는 사건이다.

내가 존경스럽고 놀라운 마음으로 목사님을 보고 있을 때 목사님도 나를 흥미롭게 지켜보고 계셨다. 그도 그럴 것이 아무리 전쟁 중 신세를 졌다고 해도 선뜻 이 험준한 시골로 전학 온다는 것이 쉽지 않은 데다 학교에서 자세히 보내준 나에 대한 자료에는 눈에 띄는 것이 많았기 때문이다.

초등학교 시절 쓴 작문이 학생 교양지에 당선된 사실, 충주를 대표해서 충북을 누비던 웅변가 초등학생, 중학교 1학년생이 교지에 발표한 단편소설……

"목사님. 토요일 시간 좀 있으세요?"

나는 성경공부가 끝난 어느 날 목사님에게 시간을 내달라고 했다. 그리고 흔쾌히 승낙을 받았다.

어느 토요일. 나는 교회 사택으로 찾아 갔고 목사님은 나를 서재로 안내해 주었다. 사모님이 과일을 담아와 먹으며 대화가 시작되었다.

"건섭이는 글을 잘 쓴다며?"

나는 대답 대신 놀란 얼굴로 서재를 둘러보았다. 작지만 문이 있는 벽을 제외하고 삼면이 책으로 꽉 차 있었다. 도서관과 충주서점 외 개인이 이리 많은 책을 소장하고 있는 것을 본 것은 이번이 처음이다. 사실은 당연한 일이지만……

영어 원서, 알지 못하는 언어 책, 성경 · 주역 그리고 서양사, 철학, 사상 책……

"와!" 나는 감탄사가 저절로 나왔다.

"책 구경도 재미있지. 그래 뭐 할 말 있어?"

처음엔 단단히 벼르고 갔지만 놀라 입도 떨어지지 않았다. 가까스로 마음을 정리한 뒤 입을 열었다.

"성경공부 첨으로 하고 잘 배우고 있습니다. 그런데…… 예수님이 십자가에서 죽고 사흘 만에 혼자 살아나 무덤을 나와 하늘로 승천하셨다는 성경 말씀, 모세가 지팡이로 홍해를 갈라 유대민족을 구했다는 기록, 생선 두 마리와 빵 다섯 조각으로 수천 명을 먹였다는 기적, 포도주를 물로 만들었다는 이야기. 이런 거 전 도저히 믿을 수가 없습니다. 제가 신앙이 없어서인가요? 아님 제가 이상한가요?"

"하하하. 그래서 찾아온 거야?"

"네."

"신앙 부족도 이상할 것도 없어. 지금 내가 놀라는 것은 용감하게 나에게 이런 질문을 하는 네 모습이야. 아무도 이러지 않았으니까."

대화가 시작되었다.

"나도 처음에 그런 의문으로 가득했지. 하지만 아직 넌 어리고 난 네가 이해 못할 일이 많다는 것을 알고 있다. 그게 정 궁금하면 지금 알려고 하지 말고 먼 훗날 네가 공부해서 스스로 터득해 나가라. 아무리 내가 설명해도 널 이해시키지 못할 거야. 앞으로 네가 어른이 될 때까지 예수를 믿을지 버릴지 지금은 나도 모르지만 그것과 관계없이 이 호기심을 네가 공부해서 알아내라. 아마 많은 공부를 해야 할 거야."

"네 알겠습니다."

"그런데 한 가지만은 꼭 부탁할 게 있다. 네가 성인이 되어 예수를 믿건 안 믿건 그건 네 자유야. 하지만 술이나 담배는 절대 하지 마라. 건강에도 아무 도움이 안 된다. 공부도 열심히 하고 책도 많

모교 청안중학교에서 강연

이 읽어라. 그건 오늘 약속하자. 허허허."

"네. 꼭 지키겠습니다. 약속합니다."

"성경공부는 재미있냐?"

"네 좀 황당해서 그렇지 재미는 있습니다. 그래서 찾아 뵌 겁니다."

"지금은 많은 생각하지 마. 특히 구약에 대해서는. 단 예수의 이것만은 꼭 기억해라. 예수를 믿는 이유는 내가 예수처럼 청빈, 겸허, 희생, 사랑 이걸 따르기 위해서다. 이거 안 하면 평생 예수 믿어도 말짱 헛것이야. 이걸 넌 꼭 기억하거라. 내가 여기까지 온 이유도 세상 욕심 다 버리고 예수님처럼 살기 위해서였으니까."

아! 나는 죽어도 이날을 잊지 않고 있다.

나는 지금도 술 담배를 안 한다. 군대서 배운 담배, 제대하고 끊어 버렸다. 겸허, 희생, 사랑을 꾸준히 지키려 노력한다. 열심히 책 읽고 또 쓰고 있다. 몰랐던 성경의 의문과 비밀을 알기 위해 미친

듯 책을 사서 읽고 연구하고 있다. 그리고 참 많이 배우고 알아가고 있다. 목사님과의 약속을 위해. 내 평생 잊지 못할 영혼의 스승이시다.

'정훈택 목사님. 저는 사택에서 한 가르침의 약속을 지키기 위해 노력하지만 예수는커녕 목사님 발끝도 못 따라 가겠습니다. 제 영혼을 용서하여 주십시오.'

4년 전 문득 목사님과 시골 학교가 생각나서 청안으로 달려갔다. 교회 건립 100주년 기념행사가 있었고 거기 흐릿한 흑백사진의 정훈택 목사님 사진이 걸려 있었다. 나는 머리 숙여 찾아왔음을 알렸다.

'정말 존경합니다. 그리고 사랑합니다. 약속을 위해 죽을 때까지 노력하겠습니다.'

목사님의 빙그레 웃으시는 모습이 보인다.

교회 창밖으로 청안중학교가 보인다. 참 예쁘게 새로 지어져 있었다. 이젠 학교를 찾아갈 것이다.

설립자 정천일 할아버지의 딸 아주머니뻘 되시는 분이 지금 학교를 꾸려가고 있다. 거기가면 15살, 내가 뛰어 놀고 있을 것이다.

내 친구 김선태, 박용규, 정선필 그리고 이 시골 학교를 졸업하고 서울 무학여고에 합격한 꽤나 똑똑했던 여학생 오정자와 함께. 그리고 졸업 후 나 역시 충북의 명문 충주고등학교로 진학하였다.

자랑스러운 신경림 국민시인, 이화여대 석좌교수며 문학평론가이신 유종호, 대검차장과 국회의원을 지낸 충주의 고등학교 학생모임인 문학서클 〈상록수〉회장이었던 이원성 등의 선배들이 있고 특히 빼놓을 수 없는 자랑스러운 유엔 사무총장을 역임한 한 해 후배 반기문을 배출한 학교다.

나는 지금 교회에 다니지 않는다. 너무나 실망이 크기 때문이다. 교회 다니지 않는 크리스찬? 맞다. 그리고 불교를 공부하고 배우고 있지만 절을 다니지는 않는다. 절에 다니지 않는 불자? 맞다. 내가 믿는 것은 부처도 아니고 예수도 아니다. 무릇 성인들의 가르침을 믿는다. 진리를 믿는다는 뜻이다. 그 가르침의 진리가 곧 예수고 부처다. 그래서 교회 안 가고 절에 안 가며 내 나름대로 공부하고 실천하려 노력하고 있는 것이다.

그동안 성경 끝에 있는 요한 계시록을 공부하고 『요한 계시록과 종말론』에 관한 책을 썼고, 『사람에게서도 향기가 난다』라는, 마음을 비우는 불교 교리를 중심으로 한 책도 썼다.

예수 믿으면 천국 간다. 부처 믿으면 극락 가고 복 받는다. 난 이런 거 믿지 않는다.

두 종교에서 내가 흠모하는 것은 겸허, 청빈, 희생, 사랑 그것뿐이다.

정훈택 목사님이 승려였어도 그렇게 가르쳤을 것이다. 사랑 대신 자비란 단어를 가르치셨을 것이다. 그것이 종교의 본질이니까.

나는 정훈택 목사님을 통해 예수를 보았다. 예수는 거기 청안에 그렇게 머물고 계셨었다.

나는 정훈택 목사님을 통해 부처를 보았다. 금으로 뒤덥힌 박제된 그런 부처가 아니라 삶을 깨우치게 하는 가르침의 그 부처는 청안이라는 산골에 그렇게 머물고 계셨었다.

내 영혼과
추억 속의
사람들

이범석

인연을 맺은 독립운동가

이범석 독립운동가 · 초대 국무총리

나에게 일생일대에 만난 가장 소중하고 영광스러운 분이 누구냐고 묻는다면 나는 서슴없이 말할 것이다. 철기(鐵驥) 이범석 장군과 포철신화 박태준 회장이라고.

철기란 말은 철로 만든 천리마(千里馬)란 뜻인데 말(馬)로 하루 천리를 달린다 하여 붙여진 이름이다. 삼국지의 관우가 탓던 적토마와 비견되는 명마의 상징 언어다.

철강왕 박태준 역시 황무지 갯벌에 포항제철을 일으킨 철의 사나이이며 두 분 다 총리를 지내신 분이다.

이 두 분 중 이범석 장군은 내가 16살 무렵 청안에서 만났고 박태준 총리는 오랜 세월지나 정치적 이유로 일본으로 피신해 있다가 귀국한 직후부터다. 그리고 3년 가까이 최측근에서 모셨다. 모두 어려서부터 존경해 마지않던 인물들이며 역사적 인물들이다.

이범석은 1900년 10월 20일 서울에서 태어나 비교적 부유하고 개화적인 가정에서 자랐다. 15살에 사상가 여운형을 만나 독립운동에 대한 이야기를 듣게 되었다. 그 후 그는 16세 되던 1916년 중국으로 망명해 버렸다. 그리고 나는 16살 되던 1957년 겨울 이 위대하신 어른을 시골에서 만나게 되었다.

중국으로 망명하던 해 중국군관학교에 들어가 기병(말 타는 군인) 훈련을 받고 졸업 후 만주에서 기병장교로 활동하며 독립군 양성에 주력하였다

'이범석' 이름을 떨치게 된 시초는 김좌진 장군의 부름 때문이었다. 긴또깡이라 부르며 일본인들이 치를 떨었던 종로의 주먹 대부 김두한의 부친되시는 독립군 최고지도자가 김좌진 장군이다.

그리고 이범석 장군이 그 뒤를 받쳐주고 있었다. 그 둘은 만주에서 일본군을 초토화시켰는데 이것이 역사에 길이 남을 청산리 전투다.

만주에 주둔한 일본군은 길림성을 중심으로 모여 사는 조선인들과 독립군들을 없애고자 대대적인 공격을 해왔다. 이에 김좌진 장군을 중심으로 한 이범석, 홍범도의 독립군은 1920년 10월 21일부터 26일까지 대대적인 반격에 나서 일본군 1천 명~3천여 명의 사상자를 내 초토화시키는 대승을 끌어냈다.

이것이 역사에 빛나는 청산리 전투 혹은 청산리 대첩이라 부르는 승리의 전투였다.

이후 이범석 장군은 미국의 OSS 즉 미국 비밀 특공대에 가담하여 일본군을 괴멸시키는 공작을 준비하고 있었다. 그러나 한국 침공 직전 히로시마에 원자탄을 투하한 미국에게 일본은 무조건 항복을 선언했고 일본은 패전국이 되어버려 침공이 불필요하게 되었다.

귀국은 하였지만 정치는 매우 불안정했다. 그 무렵 김구 선생은

북한 김일성과 남북 협상을 꾀하였고, 이승만 대통령은 소련의 조종을 받고 있는 김일성과는 타협의 여지가 없다며 반대하고 있었다.

이범석은 이승만의 편을 들었다.

김일성의 공산주의에 반기를 들었고 타협의 여지가 없는 공산주의자 김일성이다. 그는 소련 스탈린의 사주를 받고 있는 공산주의자이며 남침의 야욕을 가진 위험 인물이다 라고 역설했다.

이승만 대통령은 이범석을 1948년 7월 31일 초대 국무총리로 임명하였고 6 · 25 발발 후 8월 15일 국방부 장관에 임명, 겸직하게 되었다.

이것이 이범석 장군의 역사다. 그런 분이 산골 청안에 오신다는 말이 퍼졌다. 겨울이면 이곳 괴산에서 꿩 사냥을 즐기는데 그 본거지를 청안에 둔다는 것이다. 왜 하필 청안일까?

정천일 청안중학교 설립자 할아버지에게는 동생이 한 분 계신다. 정의일 씨가 그다.

이분은 전국적으로 이름을 날린 일이 있다. 바로 전국노장마라톤대회에서 우승 월계관을 쓴 일이 있다. 이때 이범석 장군과 인연을 맺었고 괴산, 청안 근처 산속에 꿩과 산토끼가 많다는 정보를 가지고 있어 찾아오게 되었다. 게다가 청안에서는 제일 큰 집을 가지고 있어 손님 모시기에 부족함이 없었다. 이 할아버지의 차남 정동호(내게는 아저씨뻘)는 청안중학교 1년 후배 되는데 후에 청주에서 공부하고 독일로 유학을 떠나 철학을 전공한 뒤 충남 모 대학에서 교수로 평생을 보낸다.

공직에서 물러난 이범석 장군은 사냥을 엄청난 취미로 가지고 있었고 특히 청안을 좋아하여 겨울철만 되면 틈틈이 찾아온다는 것이다.

이 모든 것이 내게는 행운이었다. 이곳 두메산골에서 교과서에서만 배웠던 이범석 장군을 만나게 되다니 아무리 생각해도 참으로 기적 같은 일이 아닐 수 없다. 청안으로 전학 오기를 정말 잘했다는 생각이 머리에서 떠나지 않고 있었다.

수업을 마치고 할아버지 집에서, 또 인근을 돌아다니며 도착 시간이 오기를 손꼽아 기다렸다. 훤칠한 키에 군복을 입고 옆구리에 권총을 차고 말을 타고 있는 사진을 수없이 보아온 장군이시다. 오늘 그분을 직접 뵙는 날이다. 어찌 설레지 않을 수 있겠는가?

저녁 무렵이 되어서야 마침내 도착하셨다는 연락을 받았다. 나는 단숨에 달려가 대문 앞에서 기다렸다. 마침내 군용 지프를 개조한 차량 한 대가 도착했다.

나는 숨죽이며 바라보았다. 사진에서 보았던 장군께서 차에서 내리는데 키는 장대했고 얼굴은 조각처럼 이목구비가 뚜렷해 보였다. 검붉은 얼굴에 탄탄한 몸매다.

털모자를 쓰고 어깨에는 사냥총이 걸려있다. 허리와 가슴에 사냥총 총알이 X자로 걸쳐 있다. 차에서 내린 장군은 차 뒷문을 열더니 개 두 마리를 끌어 내린다.

말로만 듣고 사진에서만 보았던 그 유명한 사냥개 포인터다. 흰 바탕에 검은 점이 박혀있는데, 커다란 몸집에도 불구하고 허리는 날렵하기 짝이 없어 보였다. 허리는 잘룩하고 입은 매우 길었다. 나는 세상에 태어나서 이렇게 멋진 개를 본 일이 없다. 장군 모습에 취하고 사냥개 포인터에 취해 있었다.

할아버지가 장군을 도와 짐을 내리고 함께 집으로 들어간다. 놓칠세라 나도 짐 하나를 들고 따라 들어갔다. 준비된 사냥개 집에 두 포인터를 집어넣고 방으로 안내해 들어간다.

할아버지께서 나를 흘깃 바라보더니,

"건섭아. 오늘 장군님 저녁 대접 여기서 하니 너도 같이 저녁 먹자……."

'아~싸' 횡재를 한 셈이다. 청안 집안 어른들로부터 남다른 사랑을 받아온 결과다. 얌전하고 공부 잘하고 도시서 왔다고 거들먹거리지 않고 집안 어른 자주 찾아뵙고.

방에 들어서자마자 나는 장군님에게 무조건 큰절부터 올렸다.

"누구지요? 이 학생은?"

할아버지께서 나에 대한 소개를 해주셨다. 충주에서 청안으로 오게 된 계기 그리고 착실하게 공부하고 있고 이제 졸업하면 다시 충주로 갈 것이란 말까지.

"항렬로 보면 제가 할아버지뻘 되지만 우리 집안 장손의 셋째 아들입니다."

"오! 장하군 그래. 모쪼록 공부 열심히 해야지."

장군은 나의 머리를 쓰다듬어 주셨다. 나는 주눅이 들어 말 한마디 못하고 있었다. 정말 떨리는 새가슴으로 앉아 있었다. 이 엄청난 분이 머리까지 쓰다듬어 주시다니……

밥이 들어오고 식사가 끝날 때까지 나는 말 한마디 못하고 있었다.

내가 입을 연 것은 식사가 끝난 후 할머니께서 숭늉과 곶감을 가져 오신 뒤였다.

"저……"

오늘 종일 벼르고 벼르던 말이다.

"전 오늘 뵙게 되어 정말 영광스럽습니다. 그런데 부탁이 하나 있습니다."

부탁? 뜻밖의 말이다. 할아버지도 장군님도 눈을 크게 뜨며 나를 바라보신다. 지금 같으면 사진이라도 같이 찍고 사인이라도 받겠지만 그때 그 시절엔 그런 건 꿈도 꿀 수 없는 시절이다.

"그래? 부탁이 뭔데?"

"저…… 이렇게 이곳까지 오신 건 정말 저로서는 상상도 못할 일입니다. 또 졸업하면 다시는 뵙지 못할 것이고요. 그래서 사냥 떠나시기 전 우리 학교에 들리시어 조금이라도 교훈되는 말씀을 해주셨으면 감사하겠습니다. 전교생 앞에서요. 이럴 때 아니면 언제 장군님 뵙고 말씀 들어 보겠습니까?"

이것이 종일 생각한 나의 의견이었다.

곶감 든 손을 내려놓으시더니 잠시 생각에 잠기는 것 같았다. 그리고 다시 입을 열었다.

"좋은 생각이야. 청안에 몇 번 왔지만 이런 제의는 오늘이 처음이다. 하지만 어렵게 되었다. 학교에 들려 강의해 줄 수 없다. 이번에는."

"네? 시간이 부족하신가요?"

"아냐, 그런 게 아냐. 난 지금 알다시피 사냥나온 몸이다. 사냥복에 총에, 짐승 피까지 보아야 할 몸이다. 이 꼴로 학생들 앞에 설 수는 없다."

아! 나도 할아버지도 충분히 충격받을 만한 말씀이셨다. 사냥복 차림으로, 짐승 피를 보러 가는 길에 어찌 학생들 앞에 설 수 있겠느냐는 것이다. 나는 정말 이 어르신이 얼마나 사려 깊고 비록 어린 학생들이지만 예의를 지켜 주시는가에 대해 놀라움을 감출 수 없었다.

말씀은 더 이어졌다.

“하지만 오늘 네가 왔으니 내가 하는 말 전하는 걸로 대신 해라. 시골 살든 도시 살든 나이가 어리든 많든 어디에서도 나라를 먼저 생각하거라. 나라 없이는 살지 못한다. 난 그래서 16살에 중국으로 망명하여 독립군이 되었다. 죽을 고비도 많이 넘기고 고생도 무척 많이 했다. 나라 걱정 안 했다면 서울에서 호강하며 살았겠지. 그리고 공부 열심히 하거라. 그것이 나라를 지키는 일이다. 긴 말이 뭐 필요하겠냐? 나라사랑. 공부 열심히. 이것만 전해라 내가 부탁한다고.”

보통 들을 수 있는 덕담이다. 그러나 아니다. 곁에서 이 말씀을 해 주시는 분은 이범석 장군이다.

그냥 하시는 말씀이 아니다. 정말 조국을 위해 평생 몸 바치신 민족 지도자의 말씀이다. 그 의미가 어찌 일반인과 같겠는가.

이날 이 사건도 평생 잊지 않고 있다. 사냥복 차림에 총까지 들고 짐승 피를 보는 사냥길에 어찌 학생들 앞에 설 수 있겠는가?

아! 그래서 이범석 장군님이시구나.

일본군 간담을 서늘하게 만들었던 초대 국무총리 이범석 장군. 이곳 촌구석에서 기적처럼 뵙게 된 민족영웅. 이것이 단초가 되었는지 먼 훗날 나는 많은 국무총리들과 인연을 맺게 된다.

내 영혼과
추억 속의
사람들

김종필

박태준

박철언

역대 총리와 정치인

김종필 전 31대 국무총리, **박태준** 전 32대 국무총리

박철언 전 정무장관

김종필 국무총리, 박태준 국무총리 6공 황태자라 불리던 박철언 장관. 이 세 분과의 인연은 얽히고설켜 있다.

제일 먼저 만난 분은 박철언 씨인데 당시 자민련 부총재 시절이며 만나게 된 동기는 《매일경제》 신문 때문이다.

1993년 6월 초 어느 날 《매일경제》 신문 장대환 회장은 교보문고 모 인사와 식사를 하고 있었다. 식사를 하며 메모지 한 장을 건네주었다. 두 분은 친분이 두터운 사이다.

"이게 뭐죠?"

"우리 신문이 석간에서 조간으로 바뀌잖아요. 그런데 여태 한 번도 성공 못한 게 연재소설입니다. 그래서 국내서 인기 있는 연재 소설가를 골라 보려고 문화부장에게 조사하라고 시켜 추려온 명단입니다. 이걸 좀 상의하려고요."

그 명단에는 7~8명의 작가들 이름이 적혀 있었다. 국내 최고 인

기 연재 작가들 명단을 훑어보던 그분은 이름 하나를 찍어 주었다.

"이 작가라면 틀림없이 성공시켜 줄 겁니다. 문화부장 시켜 접촉해 보세요. 지금 스포츠조선에 연재 중인 소설이 있는데 아마 끝났을 겁니다. 너무 재미있고 감동도 있고요."

당시 폭발적으로 인기를 끌었던 「제2의 찬스」라는 《스포츠조선》의 소설 연재를 막 끝낸 나였다.

소설은 운동권 머리 좋은 가난한 대학생과 청와대 고위층 딸의 비극적인 사랑을 그린 사랑과 복수의 정치 소설이다.

그렇게 해서 6월 초 신문사로부터 연락이 왔다.

(이 이야기는 연재 결정 후에 편집국장으로부터 들은 에피소드다.)

연재 제의를 받기는 했지만 문제가 있었다. 7월부터 시작해 달라는 것이다. 준비기간이 너무나 부족하기 때문이다. 그러나 프로 작가가 연재 제의를 거절하지는 못한다. 그렇게 약속하고 돌아왔지만 걱정이 태산이다

이때 번쩍 머리에 떠오르는 것이 있었다. 한때 각 신문 정치란은 6공 황태자 박철언 전 장관, 슬롯머신과 주먹의 대부인 장덕진 그리고 홍 여인 사건으로 떠들썩한 일이 있었다.

박철언 씨는 YS 즉 새 대통령이 된 김영삼의 보복 정치였으며 모함이라 외쳐대고 있었고 검찰은 움직일 수 없는 증거가 있다며 맞받아치고 있었다. 그때의 담당 검사가 전 홍준표 자유한국당 대표다.

이거다. 이 테마로 소설을 써보자.

정권실세와 돈과 여인, 멋진 테마가 아닌가? 게다가 현실적인 사건!

한 · 일 미래구상포럼

그리고 이왕 쓸 바에는 이를 바탕으로 해방 후부터 지금까지의 권력과 주먹의 커넥션을 그린 대하소설을 쓰자. 이렇게 결심하고 박철언 씨부터 찾았다.

이미 복역을 마치고 자민련에 합류하여 부총재가 된 박철언 씨와 접촉이 시작되었고 신문자료들을 부지런히 모으기 시작했다. 그리고 그 무렵 DJP 연합 문제로 정치권에 조금씩 변화가 있을 무렵이다. 박철언 씨는 많은 자료를 제공해 주었다.

인연은 이렇게 시작되었다.

JP 김종필. 풍운의 사나이. 5 · 16으로 중앙정보부장과 국무총리를 역임하고 전두환 신군부에 쫓겨나갔다가 우여곡절 끝에 자민련을 기반으로 다시 정계에 화려하게 복귀한 인물이다. 근대사에 한 획을 긋기도 했다.

JP를 인사시켜준 분이 바로 박철언 씨다. 자민련은 충청도를 기반으로 창당된 정당이다. 그리고 반(反) YS 인사들 이를테면 박준

규(전 국회의장) 박철언, 김복동(전 육사 교장) 등 정치인들이 합류하여 만든 정당이다. 그들은 대구, 경북 말하자면 TK 인사들이다.

YS와 대통령 후보 경쟁까지 벌렸던 박태준 전 포철 회장은 망신 당하기 싫어 일본으로 피신해 있었다.

박철언 씨가 나를 김종필 총재에게 인사시켜 주었지만 이미 김 총재는 나를 알고 있었다.

김종필 총재에게는 노동특보가 있었다. 한국노총 사무총장을 네 번이나 역임했고, 노동부 차관과 전국구지만 자민련에서 국회의원을 역임한 이용준 특보가 그다. 그런데 이 노동특보가 바로 수필가였던 누님의 남편, 내게는 친매형 되는 분이었기 때문이다.

김종필 총재와의 인연은 이렇게 이루어졌다.

「블랙 커넥션」 이것은 《매일경제》 연재소설 제목이다. 교보문고 측의 장담처럼 이 소설은 폭발적인 인기를 끌었다. 원고를 신문사로 보내면 기자들이 먼저 돌려보고 그래야 비로소 인쇄에 들어갈 정도였다.

신문 판매 부수가 소설 때문에 엄청 늘었다며 장대환 회장은 즐거운 비명을 질렀다.

소설이 연재되는 동안에도 박철언 씨는 직접 또는 보좌관을 통해 도움이 될 많은 자료들을 제공해 주었다. 내게는 너무나 고마운 일이다. 이때 보좌관이 요즘 종편에서 한동안 열심히 활동하던 황태순 정치평론가다.

박철언. 서울대 법대를 수석으로 졸업하고 사법고시 역시 수석으로 합격한 수재다. 노태우 정권 시절 최고 권력자로 군림하여 '6공

황태자'라는 별명이 붙기도 한 인물이다. 작가로서는 매력 있는 정치인이 아닐 수 없다.

박철언 씨도 그 부인 현경자 씨도 내게 극진히 대해주었고 결혼기념일에는 가족들만 모이는 축하 자리에 나를 초대하여 함께 식사를 나누기도 하였다. 정이 들어 가족처럼 친분을 쌓은 것이다.

IMF 사태로 김영삼 정부는 국민 지지도가 곤두박질쳤고, 다음 대통령 선거를 위해 야당은 김대중, 김종필 연합으로 대선을 치러 정권교체를 하자는 여론이 들끓었다.

여기에 앞장 선 사람이 바로 박철언 씨다. 자민련의 많은 보수 세력들의 격렬한 반대에도 불구하고 박철언 씨는 뜻을 굽히지 않았다. 만일 DJP 연합이 이루어지지 않으면 독자 출마하겠다는 뜻을 분명히 했고, 나는 이에 좀 다른 의견을 가지고 있었다. 김대중 총재가 대통령이 된다고 해도 박철언 씨가 설자리는 없다고 판단한 것이다. 그의 측근들도 대개 그런 생각이었다. 한번은 새벽에 문을 두들겨 깨워 2층 서재까지 올라가 차라리 대통령에 출마하라는 협박까지 한 일도 있었다.

1년 연재 계획으로 시작한 소설은 3년이 되어서야 대미를 장식할 수 있었다. 「블랙 커넥션」 연재가 끝나고 책이 출판되었을 때다. 한국 최고 출판사 중 하나인 고려원에서 5권으로 묶어 출판했는데 고향 충주 선후배들이 출판기념회나 하자 하여 충주관광호텔에서 작가가 된 이래 처음 출판기념회를 가졌다. 1997년 2월이다. 그날 날씨는 매섭게 추웠고 눈발까지 흩날리는 궂은 날씨였다. 그 무렵 정가는 한보철강 비리 사태로 들끓고 있을 무렵이었는데 그 바쁜 와중에도 서울에서 충주까지 내려와 축사를 해주었고 기념회가 끝난 후 청소까지 마치는 것을 본 후에야 서울로 돌아갔다. 정말 잊을 수 없는 고마운 날이다.

매일경제 회장, 한국일보 부사장 등 많은 각종 언론사에서 기념패와 화환을 보내왔고 방송하며 친했던 개그우먼 김미화 씨와 연예인들이 화환과 축전을 무수히 보내왔다. 김대중 총재의 축전으로 충주 시민들이 놀라고 있었고 당연히 김종필 총재의 축전도 있었다.

이회창 대통령—조순 경제총리— 박철언 통일부총리를 앞세워 정권 재창출하자며 회유하던 한나라당에서는 아무도 축전을 보내지 않았다.

이외에도 박철언 장관과는 더 많은 이야깃거리가 있지만 이걸 모두 말하기에는 시간이 너무나 부족하다.

DJP 연합 후에 박태준 전 포철 회장까지 가세하여 대선에서 승리, 김대중 총재가 대통령이 되었지만 박철언 씨는 내 우려대로 설 자리를 잃고 서서히 정계에서 사라져갔다.

그는 똑똑했다. 하지만 현명하지는 못했다.

천하의 유비도 제갈량을 찾아 삼고초려하지 않았던가?

대선 승리로 김종필 총재는 31대 총리가 되었다.

그리고 자민련 총재 자리에 박태준 회장이 앉게 되었다. 그러나 김종필 총재는 고향이나 마찬가지인 자민련을 자주 방문하였고 공식 행사가 끝나고 작은 파티라도 있으면 내 손을 잡고 여기저기 다니며 당원 동지들과 인사를 나누었다. 겪어본 분들은 다 알겠지만 이렇게 손을 잡아주면 그냥 손만 잡는 게 아니다. 손을 꼬옥 쥐어주고 조몰락조몰락 손을 만져준다. 애정의 표시다. 그래서 더 다정함을 느끼고 그 자상함에 많은 사람들이 충성을 바친다.

박태준 총재와 함께(전방부대 방문)

오늘까지 김종필 전 총리에게 충성하는 사람이 많은 것은 이렇게 자상하고 정을 아끼지 않기 때문이다.

어려서 초대 국무총리를 만난 후 정말 많은 세월이 흐른 뒤 나는 31대 총리 김종필을 만난 것이다.

이제 32대 국무총리 박태준 전 포철 회장을 말하지 않을 수 없다. 어려서부터 너무나 존경해 왔고, 또 내게 너무나 많은 사랑을 주신 분이다. 지금도 박태준 세 글자를 생각하면 눈물부터 글썽인다. 그리워서다. 그리고 그 많은 정을 나눈 추억 때문이다, 타계하시고 세브란스에서 장례 치르던 날 정말 눈이 붓도록 펑펑 울었었다.

박태준! 포항 갯벌에 제철공장을 지어 한국 경제 성장에 결정타가 된 '철의 사나이 박태준' 세계 각국 제철 전문가들이 결코 성공하지 못할 것이라 점쳤지만 보란 듯 성공하여 경이적인 인물이 되신 분이다. 중국이 경제 성장에 드라이브를 걸었을 때 제일 먼저 손을 내민 분이 바로 박 회장이다. 중국에 철강공장을 세워 달라는 요지였다. 그러나 거절했다. 아직 한국에서도 할 일이 너무나 많다는 이유였지만 중국은 잠재적인 한국의 경제 경쟁국이기 때문이다.

일선에서 물러난 박태준은 정계로 들어갔다. 김영삼과 대통령 후보 자리를 놓고 경쟁할 수밖에 없는 구조에서 한나라당에 입당하였고 바로 대통령 후보를 위한 작업을 시작하였다. 그러나 김영삼 씨가 대통령 후보가 되었다. 그리고 대통령이 되었다.

김영삼 대통령은 박태준, 박철언에게 칼을 겨누었다. 슬롯머신 사건이 터진 계기가 되었고 박태준은 조사받기 시작했다.

털어서 먼지 안 나는 사람 없다는 말이 있다. 뒤지다 보면 뭔가라도 나올 것이다. 박철언은 기어이 구속되었고 자존심 강하기로 유명한 박태준은 일본으로 가 버리고 말았다. 망명이 아닌 일종의 피신이다. 그리고 때를 기다리고 있었다.

그의 일본 피신이 나와 박태준 회장을 엮게 만든 단초다.

나는 화가 나 있었다. 모친상을 당해 일시 귀국하겠다는 청원조차 허락하지 않은 속 좁은 YS에게 너무나 화가 났다. 박태준 회장을 본 일도 없고 알지도 못하는 사이이다. 그러나 어려서부터 존경해 마지않던 분이다. 한국 경제가 오늘날 이런 대국이 된 것은 포철 성공이 가장 큰 디딤돌이다. 포철이 실패했다면 한국 경제는 성공하지 못했을 것이다. 그런 주인공을 정적이라 해서 내쫓은 김영삼 대통령을 미워하지 않을 수 없었다.

여러 신문에 소설과 칼럼을 쓰고 있던 나는 언론을 통해 YS를 맹비난하기 시작했다. 일부 압력도 있었으나 신문사와 나는 끄떡도

하지 않았다.

"대한민국이 어찌 박태준을 버릴 수 있단 말인가? 이런 세계적인 경제통을 버린다는 것은 국가에 절대 도움 되는 일이 아니다. 대통령은 그의 귀국을 반대해서는 안 된다"라는 요지의 글들이었다. 이런 글을 닥치는 대로 써 댔다. 국민의 한 사람으로, 작가의 양심으로 절대 참을 수 없는 일이었다.

그리고 마침내 어느 날, 박태준 회장이 자유롭게 귀국하게 되었다는 보도가 터져 나왔고 나는 너무나 기뻐 그날 못 마시는 술까지 들이켰다.

그때까지도 나는 충주 서재에서 집필하고 있었다. 박태준 회장 귀국 후 며칠이 지난날, 서울 집에서 전화가 걸려 왔다. 조금은 놀란 목소리다.

"포항에서 전화 온 거 없었어?"

"포항? 없었는데? 혹 최종태 위원장 전화 아냐?"

"아냐. 그분은."

최종태 위원장은 자민련 포항 북구지구당 위원장이다. 역시 박철언 측근이기도 하다. 그래서 잘 안다.

"박태준 회장님 전화인데 왜 찾으시지? 어떻게 알고?"

"뭐? 박태준 회장님 전화?"

"응, 놀라서 인사도 제대로 못 드렸어. 충주 전화번호 알려드렸으니 곧 전화 갈 거야. 혹 휴대폰을 놓고 나갈가 봐 전화번호 알려드렸어. 어디 가지 말고 기다려 봐."

통화를 끝내고 잠시 혼란에 빠져 있었다. 귀국하신 지가 엇그제신데 왜. 어떻게 날 찾으시는 거지? 농담은 절대 아니다. 분명히 전 포철 박태준 회장이라고 했다.

그리고 얼마 지나지 않아 마침내 전화벨이 울렸고 수화기를 통해 특유의 목소리가 들려왔다.

"아, 정건섭 작가님 맞죠? 저 박태준입니다."

"회……장……님. 어떻게 제게……"

"이야기는 나중에 하기로 하고요. 내일 시간 어떻습니까? 괜찮으면 포항으로 놀러 오세요."

"네, 시간 괜찮습니다. 찾아뵙겠습니다."

나는 호텔 어느 커피숍에서 만날 생각이시리라 짐작했다.

"포항 지리 잘 모르시죠? 사람 내보낼게요. 제 집으로 찾아오시면 좋겠습니다."

"네? 댁으로요? 지리는 모르지만 회장님 댁으로 안내할 사람은 있습니다. 제가 알아서 찾아뵙겠습니다."

참으로 놀라운 일이 벌어졌다. 박 회장님이 집으로 놀러 오라는 것이다. 나는 곧바로 최종태 위원장에게 전화를 걸었고 그는 회장님 댁까지 모셔 드릴 테니 맘 놓고 내려오라 했다.

설레고 놀라운 마음으로 차를 몰고 포항을 내려갔고, 최종태 위원장은 회장 댁까지 안내해 주었다.

처음 본 첫 인상은 매체를 통해 본 그대로였다. 짙은 눈썹에 피부는 고왔고, 근엄해 보였지만 자상한 얼굴을 가지고 계셨다. 앉아있던 나는 옛날 이범석 장군이 머리에 떠올랐다.

"평생 존경하던 몇 안 되는 분 중 한 분이십니다. 불러 주셔서 정말 감사합니다."

차를 마시면서 비로소 수수께끼가 풀렸다. 나를 찾은 이유를……

박 회장 측근들이 신문에 게재된 내 칼럼들을 모아 일본으로 보냈고 이를 받아본 회장은 한국에 가면 제일 먼저 만나보고 싶어 했다고 했다.

"정말 감사했습니다. 나를 위해 용감하게 이런 글을 쓴 사람은 아무도 없었지요. 마음으로 큰 힘이 되었습니다. 더구나 일면식도 없는 작가인데…… 정말 눈물이 날 지경이었습니다. 쫓겨나다시피 나갔거든요. 많이 외로웠습니다. 그리고 작가님 글은 내게 용기와 힘이 되어 주었습니다."

"저는 다행히 언론에 글 쓸 지면을 얻을 수 있어 그렇지, 많은 국민이 회장님 안위를 걱정하고 있었습니다. 회장님이 정말 잘못한 게 있었다면 저도 이러지 않았을 겁니다. 하지만 이건 순전히 YS의 정치 보복이었습니다. 그래서 화가 난 겁니다. 박철언 씨의 돈 문제는 저도 진실이 뭔지 잘 모릅니다. 하지만 거기도 보복성이 강했습니다. 두 분이 계속 티격태격 싸웠으니까요! 그러나 회장님은 순전히 정치권에서 지우려는 음모였습니다. 국가가 회장님을 잃어서는 안 된다는 생각뿐이었습니다."

이제 자리는 편해졌다. 웃음이 오가고 한번 대통령에 다시 도전해볼 생각은 없으신지 의향도 떠 보았다. 하지만 이젠 힘들다. 박태준 회장에게는 지역 지지기반이 없다. YS는 부산, 경남이 있고 DJ에게는 호남이 있다. 그리고 JP에게는 충청권이 있다.

그들이 정치적 지지기반을 만들 때 박태준 회장은 포철 만드느라 정신없는 세월을 보냈기 때문이다.

어느새 저녁이 되었다. 사모님이 정성껏 그리고 직접 밥상을 차리셨는데 된장찌개와 소박한 반찬들이었다. 호텔에서 먹는 비싼 음식과 비교도 안 되는 값진 식사였다.

식사가 끝나고 식탁에서 커피를 마시는데 갑자기 떠오른 생각이 있었다. 정말 갑자기 떠오른 생각이다.

청안중학교를 졸업하고 충주고등학교로 진학했다는 말을 했을 때 거기 신경림, 유종호, 반기문…… 그리고 충주지역 문학하는 고등학생 모임 〈상록수〉를 만든 이원성 두 해 선배를 소개한 기억이 있을 것이다. 대검 차장을 역임하고 국회의원을 지낸 선배다.

그 선배가 대검 중수부장 시절 바로 박태준 회장을 직접 수사한 인물이다.

YS는 세계적인 철강회사 포철을 좌지우지했으니 틀림없이 부정하게 돈을 모았으리라 생각했을 것이다.

그러나 그건 착각이었다. 강직하기로 소문난 박태준, 사리사욕에 돈 모을 그런 인물이 아니다. 이 소박하기 짝이 없는 집을 보아도 알 수 있다.

그런데 그런 생각을 하고 수사를 시킨 것인데 바로 그 이원성 선배가 운명적이게도 수사를 맡았었다.

그는 당시 대구 고검장으로 부임하여 업무를 수행하고 있었다.

찻잔을 내려놓은 나는 불문곡직하고 휴대폰으로 전화를 걸어 대구 고검장을 찾았다.

연결은 쉽게 되었다.

"저, 건섭입니다. 잘 계셨죠?"

"어? 어쩐 일이야. 대구 내려왔어? 시간 되면 저녁이나 같이하지."

"아닙니다. 저 포항에 와 있습니다."

"포항? 거긴 왜?"

"선배님 무조건 인사드리세요. 박태준 회장님과 같이 있습니다."

"어? 거긴 어떻게……?"

"그건 나중 얘기고요. 전에 원치 않게 악연 있어 이참에 풀고 싶어서 그럽니다."

나는 무조건 휴대폰을 넘겨 드렸다.

박태준 회장은 역시 거물이다. 원한이 없겠는가? 하지만 다른 사람과 달랐다.

"허허허. 박태준입니다. 이거 어떻게 된 건지는 모르지만 아무튼 지나간 건 다 잊겠습니다. 나라 일이니 어쩔 수 없었겠지요. 지난일 다 잊으세요. 나도 잊겠습니다. 우리 정 작가님을 보아서도 그렇고요."

"네, 꼭 한번 찾아뵙겠습니다."

두 분을 화해시켜 드린 것이다. 엉뚱한 자리에서 엉뚱하게도……

통화가 끝난 후에야 나는 자초지종 이원성 선배와의 관계를 설명해 드렸다.

기분이 한결 가벼워지셨다는 걸 감지한 나였다.

박태준 회장은 명예 회복을 위해 지금 공석 중인 포항 국회의원 보궐선거에 출마하였다. 경쟁 상대는 당시 꼬마 민주당을 이끌고 있던 이기택 총재. 그리고 이 지역 인사 이병석(전 포항 국회의원) 씨다.

나는 선거기간 내내 포항에 머물며 선거를 도왔다. 지역 인사들과 교류도 맺고 측근인 최재욱 씨(후에 환경부 장관 역임)와 가까운 유대관계를 맺기도 했다. 그리고 여기서 뜻밖의 사람을 만나게 되었다. 민주당 전국구 의원이며 절친 작가 김홍신을 만난 것이다. 자신의 정당 총재가 출마했으니 오지 않을 수 없었다.

우리는 호텔 커피숍으로 자리를 옮겼다. 그리고 내가 왜 여기 와 있는지를 설명했다. 그리고 분명히 방점을 찍은 것은, 나는 절대 정치할 생각은 없다. 능력도 없고, 자신감도 없다. 어쩌다 보니 박 회장과 인연을 맺은 것이고 인연을 맺은 바에는 끝까지 도와드려야 할 것 같아 와 있는 것이라고 설명해 주었다. 그리고 박 회장의 당선은 거의 확정적이다. 포항에서 박 회장을 이기려면 죽은 박정희 대통령이 살아오는 길밖에 없다. 라고 보궐선거 분위기를 설명해 주었다.

국회의원 김홍신. 그는 작가로서 만큼이나 정치판에서도 성공을 거두고 있었다. 참 머리가 뛰어난 작가다.(김홍신 작가 이야기는 뒤에)

어쨌든 선거는 박태준 대승으로 끝나고 나는 선거 결과를 보고 서둘러 충주로 돌아왔다.

한동안 연락이 끊겼지만 어느 날 김종필 총재가 총리로 부임하고 총재 후임에 박태준 회장이 총재로 온다는 소식이 들려왔다. 그로부터 보름이 지난 뒤에야 총재 비서실로부터 연락이 왔다. 집과 자민련 당사는 차로 불과 10분 거리도 안 된다. 이날부터 나는 박태준 자민련 총재를 모시게 되었다. 그러나 직함은 없다. 원치도 않았다. 비서실도 특보도 아니다. 자민련 당원도 아니다. 그저 최근거리에서 보필하는 최측근이 된 것이다.

이제 몇 가지 이야기로 총리와의 이야기를 맺으려 한다.

참 자상하신 분 박태준…… 그 에피소드가 참 많다. 그중 가장 기억에 남는 일이 있다.

지방 시찰을 마치고 비행기로 귀경길에 올랐다. 나는 바로 뒷좌석에 앉아있었다. 그런데 갑자기 큰 소리로 날 찾으신다.

"정 작가 어디 있어요?"

"네. 저, 여기 있습니다."

"아, 안 보여서. 근데 아까 점심 식사 때 안 보이던데 어디 있었어요? 혹 굶지는 않았어요?"

"아…… 아닙니다. 저 신문사, 방송국에서 반평생 밥 얻어먹고 살았잖아요. 글 쓰면서요…… 그래서 기자 다루는 데는 일가견이 있지요. 기자단과 환담 나누며 식사했습니다."

"허허허. 그랬군요. 난 안 보여서 혹 굶지나 않았나 해서요."

그 빡빡한 시간 식사를 하면서도 내가 보이지 않아 굶을까 걱정하셨던 것이다.

한번은 부천지역 공장을 시찰하는데 갑자기 옆으로 오시더니 어깨를 감싸 안는다. 그리고 귀엣말로 속삭이신다.

"우리 정 작가님은 이런데 별 관심 없을 텐데 재미없이 수행하느라 너무 고생시킵니다."

"아닙니다. 전 지금 제일 행복합니다. 제가 언제 총재님 모셔 보겠습니까?"

이 사건 이후 많은 특보들이 "도대체 두 분이 무슨 애기를 했느냐 어깨동무까지 하고." 하고 물었고 그때마다 장난기 많은 나는 "총재께서 당신이 제일 밉다던데요? 하하하." 하며 웃어 넘겼다.

정말 자상한 면모를 보여 주신 대목이다. 나는 후에 추모글에서 이 이야기를 남기고 정말 자상하기 이를 데 없는 분이라며 추억했다.

내가 딱 한번 반기를 든 일이 있었다. 이게 처음이자 마지막 반기였다.

김종필 후임으로 총리 내정이 있었고 나는 반대했다. 반대 이유는 틀림없이 임기 못 채우고 도중하차할 것이며 모양새 안 좋은 모습으로 퇴임하게 될 것이다. 총리 부임 거절하시고 병을 핑계로 미국으로 가시라고. 난 강경했다. 포항에서도 지지자들이 버스를 4대나 대절하여 올라와 취임 반대 시위를 해댔다.

나는 먼저 이들을 설득하여 돌려보냈다.(대개 선거 때 함께 운동하던 분들이라 이들과 익숙한 사람은 나뿐이었다. 그래서 총대를 멘 것이다.)

그러나 총재는 대통령과 임기를 마칠 때까지 함께 가기로 약속했으니 너무 걱정 말라. 그리고 같이는 안 가도 매주 한 번씩 들러 정확한 국민 생각을 들려 달라 하시며 기어이 총리로 부임해 가셨고, 나는 일주일에 한번 정도 시간을 내어 독대 자리를 만들었다. 그리고 국민들 마음을 전해드렸다.

그러나 그게 전부였다. 김대중 대통령 측근들이 부패한 정치인이라며 망신을 주어 총리직에서 물러날 분위기를 만들었고 그리고 넉 달도 못 채우고 자리에서 물러났다. 나를 미워하던 몇몇도 총리 비서실에서 함께 내몰렸다. 총리하시지마라고 한 때문이며 총리로 가면 적어도 국무총리 비서실, 장관 몇 자리는 보장되기 때문이다.

퇴임 후 잠시 세상을 잊기 위해 일본으로 떠나시던 날이었다. 공항에서 나를 아무 말 없이 꼬옥 포옹하시고는 비행기에 몸을 실었다. 그리고 이것으로 인연은 끝났다.

귀국하신 후 타계하셨다는 뉴스를 듣고 세브란스로 달려가 정말 눈물 펑펑 쏟았다.

정건섭

초대 국무총리 이범석 장군 그리고 김종필 총리. 마지막으로 박태준 총리와 박철언 씨 이렇게 인연을 맺었었다.

이수성 총리와도 인연을 맺었지만 그건 총리보다 동생 이수인 씨(타계)와 인연이 더 깊어 생략하기로 한다.

내 영혼과 추억 속의 사람들

김홍신

김병종

한수산

김성종

『인간시장』 100만 부 베스트셀러 작가

김홍신 소설가

김홍신 이야기를 하자면 사실 먼저 영산회(靈山會) 이야기부터 시작해야 옳다. 불교공부를 하기 위한 모임이었는데 모두가 문화 예술계 인물들이다. 한두 명 제외하고 거의가 아직 무명이던 시절이다. 김홍신 작가와 친해진 건 여기서다.

정릉 경국사가 아지트며, 여기 머물고 있던 수필가이며 시인인 황청원 승려가 주도하여 만든 모임이다. 당시 얼굴도 점잖게 잘생겼고 글도 아름다워 폭넓은 팬을 가지고 있었다.

그러나 김홍신과는 또 다른 친분이 있어 영산회 이야기는 뒤에서 다시 언급하기로 하고, 그와의 인연을 먼저 추억하고 싶다.

《일간스포츠》 창간 20주년 기념호에 연재를 맡아 정신없이 원고를 쓰고 있던 무렵이다. 「천사여 침을 뱉어라」라는 제목의 소설이었는데 그때만 해도 스포츠 전문지는 《일간스포츠》와 《스포츠서울》 둘뿐이었다. 스포츠, 연예, 대중문화를 다루는 전문지이다.

일간스포츠 연재 중 《스포츠조선》이 창간된다는 소문이 은밀히 퍼져 있었다.

왜 그랬는지 지금도 잘 모르겠지만 나는 펜을 놓고 김홍신에게 전화를 걸었다.

"김형? 정건섭이야!"

"아이구, 이 밤중에 웬일이야?"

"혹 스포츠조선 창간한다는 말 들어봤어?"

"엉? 소문만 들었지. 그런데 쉽게 창간되겠어?"

"그래서 전화한 건데 창간은 틀림없어. 그리고 창간기념 첫 연재소설은 홍신이 형한테 부탁할 거야. 스포츠서울 창간 때 내가 스타트 끊었잖아. 참 부담되는 일이지. 그래서 미리 준비해 놓으라고 전화한 거야."

"에이, 말도 안 되는 소리. 아직 창간 결정도 안 났는데 뭔 연재소설 준비야? 게다가 조선일보와는 별 인연도 없어!"

"내 말 믿어. 틀림없이 그리될 테니. 신문사 연락받고 당황하지 말고 멋진 소재 준비나 해!"

그렇다. 말도 안 되는 소리다. 구체적으로 스포츠 지를 창간한다는 보도는 한 톨도 없었다. 그저 소문만 은밀히 퍼질 때였으니까.

그러나 나는 창간을 확신하고 있었다. 소문은 은밀히 퍼졌지만 사실 조선일보가 스포츠 지를 창간할 거라는 말은 1년 전부터 있어 왔고 한다면 할 신문이 조선일보다.

조선일보의 《주간조선》에 일찍이 연재소설을 1년 쓴 경험이 있는 나는 확신을 갖고 연락한 것이다. 그리고 김홍신을 콕 찍어 말한 데도 이유가 있다.

스포츠 지를 독점한 것은 말할 것도 없이 일간스포츠다. 그리고 김성종 추리작가가 신문만큼이나 독점하여 연재소설을 써 왔다. 대중지 소설로는 더할 나위 없이 훌륭한 분야다. 그러나 너무 오랫동안 독점하여 연재한 결과 매너리즘에 빠져 신선한 맛이 없었다. 이 무렵 나의 데뷔작인 정통파 추리소설, 밀실 살인사건을 다룬 「덫」과 열차 살인사건을 다룬 「5시간 30분」은 지금도 회자될 만큼 화제작이 되었다. 그런데다 스포츠서울 창간호에 연재한 「죽음의 천사」를 성공리에 마쳐 만일 스포츠조선이 창간된다면 분명 나에게 제의가 왔을 것이다.

그러나 나는 이미 일간스포츠 혁신호인 창간 20주년 기념작을 집필하고 있었다

'내가 편집국장이라면 나는 김홍신을 놓치지 않을 것이다. 더구나 김홍신은 이미 「인간시장」으로 완전 스타덤에 올랐고, 오래전 일간스포츠에 「바람, 바람, 바람」이라는 소설을 연재한 바 있어 연재소설의 테크닉을 터득한 터였다. 누가 올지 모르지만 머리 좋은 편집국장이 부임해 올 테고. 그러면 반드시 김홍신을 찾을 테고 그래서 준비하라고 전화한 것이다.'

그로부터 석 달 정도 지난 어느 날 밤. 김홍신으로부터 전화가 걸려왔다. 인사치레 말도 없이 불쑥 한마디 한다.

"정형! 돗자리 들고 계룡산으로 올라가……"

"엥? 뭔 소리여?"

"조금 전 조선일보 측에서 전화가 왔어! 스포츠조선을 창간하게 되었는데 창간 기념작 연재를 부탁한다는 거야. 참 기가 막혀. 어떻게 된 거야. 사전에 무슨 얘기라도 있었어?"

'음 역시. 하하하……'

나는 쾌재를 불렀다. 내가 추리한 대로 된 것이다.

김홍신 한말숙과 함께(문학강연)

"아니라니까! 하지만 확신은 가지고 있었지. 그래 준비는 해두었어?"

"믿지는 않았지만 그래도 혹시 해서 준비는 하고 있었어!"

이것이 창간호 첫 연재소설 「그대 영혼 훔치다」였다.

신문의 꽃인 편집국장에 조병철 씨가 부임해왔다. 조병철 국장은 주간조선 편집국장 시절 내게 연재소설을 의뢰하여 1년간 집필한 인연이 있어 잘 아는 사이이다. 그러나 창간 기념으로 김홍신 작가를 선택한 것은 나와 전혀 무관한 일이었다.

나는 데뷔작 「덫」을 『장길산』 『어둠의 자식들』 그리고 『법전(法典)』으로 유명한 현암사에서 출간하였다. 두 번째 작품 『5시간 30분』은 당시 잡지 왕국이던 《여원(女苑)》 출판국에서 출간했다.

그런 내가 『인간시장』으로 탄탄한 기반을 잡은 행림출판사로 출판사를 바꿔 계약을 한 이유도 김홍신이 거기 있었기 때문이다. 행림출판사 이갑섭 사장은 김홍신, 박범신 그리고 내 책을 전적인 지

인간시장』 신문광고

원 하에 꾸준히 출판해 주었다.

김홍신의 『인간시장』 100만 부 베스트셀러. 건국 이래 첫 100만 부를 돌파한 『인간시장』이 대표적 작품이다. 박범신의 『불의 나라』 『물의 나라』(동아일보 연재작) 그리고 나의 주간조선 연재작인 『처형』과 스포츠서울 연재작 『죽음의 천사』와 일간스포츠 연재작 『천사여 침을 뱉어라』(출판시 푸른장미(전3권)라는 제목으로 변경)도 행림에서 출판했었다. 같은 출판사에서 출판하니 김홍신과는 자주 어울릴 수 있었다.

따듯하고 성품 좋은 김홍신은 출판사에서 만나면 집이 가까워 걸어온 나를, 자신의 차에 태워 우리집까지 데려다 주고는 했다.

Little Big Man=작은 거인 김홍신! 나는 지금도 그의 에너지가 어디서 뿜어 나오는지 알지 못한다. 사람들은 내가 60여 권 가까운 책을 낸 것에 혀를 내두르지만, 그에게는 지금 130여 권이 넘는 소설과 저서가 있다. 국회의원 시절에도 1등 평가를 2년이나 연속받았다. 한때는 대통령 후보로까지 거론되기도 했다.

언젠가 종로에서 출마했지만 박진 의원에게 패한 후 정계를 완전히 은퇴하고 다시 펜을 들었다. 그 후 역사 소설, 에세이, 교양서적 등 왕성하게 집필을 해오고 있다. 그런 그가 나는 정말 자랑스럽고 또 부럽다.

최근 그는 『바람으로 그린 그림』이라는 사랑 테마소설을 발표했다. 나는 바로 교보문고로 주문하여 지금 읽고 있다. 입담은 여전했지만 옛날보다 한결 중후한 맛이 나는 소설이다. 축하 전화해준 건 당연한 일이다.

그리고 지금까지 자주는 만나지 못해도 끈끈한 우정을 맺고 있다. 김홍신 작가 이야기는 뒤에서도 계속 이어진다.

다정하고 재미있는 작가들

김병종 소설가, **한수산** 소설가

나는 추리소설 작가로 데뷔했다. 원래 문예물 소설을 공부했지만 논리적이고 분석하는 일이 내 적성에 맞았고 세계적인 명작 추리소설을 읽으며 내게 맞는 소설은 '추리소설'이란 확신을 가졌기 때문이다.

나는 작가가 되어 직장을 버린 게 아니라 작가가 되기 위해 직장부터 버렸다. 그만큼 자신감에 넘쳐 있었다. 하지만 마음 한쪽에서는 문예물 작가가 되는 것에 두려움도 있었다.

이문열, 최인호, 황석영, 박범신, 김홍신, 한수산 나보다는 두세 살 아래들이지만 내 나이 또래의 쟁쟁한 스타들을 돌파할 자신이 없었다. 내게는 그야말로 기라성 같은 스타들이기 때문이다.

추리소설의 대부 김성종이 있었지만 내가 공부한 명작 추리소설은 분명 그와 차이점이 있었다. 꼴찌를 해도 2등은 하겠지, 혼자 웃으며 추리 작가의 꿈을 키워왔다.

데뷔부터 대성공을 거뒀고 꿈에나 그리던 신문 연재소설을 쓰게

한수산과 함께(대만에서)

되었다. 자연스럽게 이들 작가들과 어울리게 되었는데 시인 시절부터 사귄 김홍신 외에는 모두 작가로 데뷔한 후 사귀었다.

한수산의 『부초(浮草)』라는 소설이 있다. 서커스 사람들의 사랑과 애환을 그린 소설이다. 이 작품은 당대의 명작으로 소문나 있었고 드라마까지 만들어져 엄청난 유명세를 탔다. 그는 내가 좋아하는 작가 중 하나다. 그렇게 신문과 책으로만 보았던 한수산과 친해진 것은 대만 여행이 계기였다.

1986년은 내게 정말 바쁘고 의미 있는 한해였다.

3월 포르투갈 초청으로 세계추리작가대회에 참가했고 대회가 끝난 후 서유럽을 일주했다. 귀국 후에는 6월부터 새로 창간한《스포츠서울》에 연재소설을 시작했고, 12월에는 한 · 중 작가대회에 참가했다. 대만을 당시는 자유중국이라 불렀고 현 중국을 중공이라 부르던 시절이다. 그리고 두 나라는 친선을 목적으로 한 작가대회를 번갈아가며 개최했는데 이때는 대만에서 초청하여 이루어진 작가대회다.

방송국에서는 내가 외국 갈 때 겨우 다른 사람을 대타로 투입하여 공백을 메워주었다.

한 · 중 작가대회가 열리기 직전 나는 취재차 먼저 홍콩으로 떠났다. 5일간의 취재를 마치고 대만으로 달려가 한국 작가들과 합류했다.

한수산과는 대만에서 만나기로 약속해 두었었다. 시인들도 일부 참석하여 약 30여 명의 문인들이 함께했는데, 『내일은 비』 『검은 휘파람』 『달빛 자르기』 등 히트작을 낸 김병총을 비롯, 송영, 한수산, 조정래 그리고 내가 합세하여 비교적 비중 있는 작가들이 참가했다.

나는 김병총, 한수산과 룸메이트가 되었다. 친분에 따라 방을 배정한 것이다.

김병총은 내가 친형처럼 대하는 사이다. 앞에서 소개한 노동부 차관 출신인 매형과 고려대 동창이었고 두 분이 꽤나 두터운 친분을 가지고 있어 형님이라 부르던 사이였다.

작가대회 3일째 되는 날이다. 다들 잠에 떨어지거나 외출하여 조용한 객실에 혼자 누워 있는데 상기된 얼굴로 한수산이 들어왔다.

"형! 이것 좀 봐."

내가 서너 살 위여서 형이라 불러주었다.

그가 배낭에서 술 두어 병을 꺼낸다.

"이게 죽엽청주라는 대만 토속술인데 맛이 죽여줘."

하면서 뚜껑을 열었다.

그런데 문제가 생겼다. 안주가 없는 것이다. 이미 밖에는 모든 상

김병총 한수산 조정래 감태준 강호삼과 함께(한 · 중 작가대회에서)

가가 문들 닫았고 호텔 측에서도 안주를 구할 수 없었다.

한수산은 술을 잘한다. 무척 좋아한다. 김병총 마찬가지다. 그러나 나는 술을 못한다. 술 담배 못하기는 김홍신도 마찬가지다. 그런데 술을 앞에 놓고 안주가 없으니 발을 동동 구르는 한수산이다.

그러던 그가 눈빛이 달라졌다.

"아, 됐어 형! 방법이 있어."

그러더니 객실 구석으로 가 김병총 여행 가방을 뒤적이더니 무엇인가를 꺼내왔다.

"그거 중국제 우황청심환 아냐?"

"응 아까 이거 가방에 넣는 거 봤어! 이거 안주대신 먹자. 술도 안 취하고 맛이 죽여줄 거야."

술안주 대신 병총이 형이 사 놓은 우황청심환을 안주 삼아 먹기로 한 것이다.

이날은 나도 한잔하고 싶었다, 그래서 둘은 우황청심환을 안주로 죽엽청주 술을 거나하게 마시고 잠에 떨어졌다.

얼마나 잤을까? 우리는 누군가 고래고래 소리지르며 발로 엉덩이를 걷어차는 바람에 잠에서 깨어났다. 어디서 한잔했는지 얼굴이 벌건 병총이 형이 소리소리지르며 우리를 걷어차는 것이다.

"왜 자는데 깨워요…… 뭔일 있어요?"

"야, 이 술병 좀 봐. 몇 병을 마신거야? 너희들 내가 노모 드릴려고 산 우황청심환 안주로 먹었지? 맞지?"

들켰구나, 한수산이 나를 흘깃 바라본다. 알아서 해결하라는 뜻이다.

"안주? 아니 먹을 게 없어 형 우황청심환으로 안주를 해요? 차라리 깡술로 마시지."

"거짓말하지 마. 술병은 있고 청심환은 없어지고. 여기 너희 둘밖엔 없고…… 아귀가 딱 맞아 떨어지잖아……"

"형!……"

기어이 내가 또 나섰다.

"형도 생각 좀 해 봐. 독주에 우황청심환을 같이 먹어봐. 그럼 혈압이 올라 우린 다 죽어요. 근데 지금 멀쩡하게 살아 있잖아요? 어디 딴 곳에 놓고 온 거 아냐? 형?"

나는 되지도 않는 말로 역공을 펼쳤다. 듣고 보니 그럴 듯하기도 하다. 고개를 한참이나 끄덕이던 형이,

"그래, 건섭이 말이 맞다. 독주에 우황청심환을 같이 먹으면 죽지 살아남겠냐? 내가 취해서 딴 데 놓고 온 게 맞는 거 같다."

그러더니 풀썩 누워 코를 골기 시작한다. 우리도 회심의 미소를 지으며 다시 잠에 빠져들었다.

그런데 후에 안 사실이지만 이 우황청심황이 함량이 적은 가짜라 살았지 진짜였다면 한수산과 나는 생명을 잃었을지도 모른다는 안

내 가이드의 설명이었다.

그리고 이 우황청심환 사건은 귀국 후에야 김병총 형이 알게 되었다.

"내 네놈들 짓인 줄 알았다. 하하하……"

이제 모든 일정을 마치고 귀국할 일만 남았다. 일행은 선물과 짐을 정리하며 귀국 준비를 하고 있을 때 한수산이 나를 은밀히 불러낸다.

"형! 한 5일만 더 놀다가자. 시골 변두리를 못 가봤잖아. 그리고 그냥 귀국하는 게 너무 아쉬워 그래……"

맞다. 너무 아쉽다. 더구나 여행와서 더욱 친밀해진 한수산과 헤어지는 것도 아쉽기 짝이 없는 일이다. 그러나 가장 큰 걸림돌이 있다. 나나 한수산이나 모두 신문 연재 중이다. 몸은 대만에 와 있지만 서울서는 여전히 소설이 연재되고 있다. 그런데 일정을 고려해 원고를 넘겨놓고 왔지만 더 놀다 가면 펑크를 낼 수도 있다. 아슬아슬하고 빡빡한 일정이 된다.

방송도 그렇고 글도 그렇고 아직 단 한 번도 펑크를 내본 일이 없는 나다.

나는 그 설명을 하며 더 머무르는 게 불가능할 것 같다고 했다.

"놀다 가면 신문사에 원고 며칠 분이나 남아."

"한 사흘 치 정도?"

"그럼 됐어 형…… 나도 딱 그 정도 남았어. 나중에 귀국해서 짐 풀지 말고 바로 원고부터 써서 보내면 숨통은 트일 거야. 삽화 그리는 분에게 먼저 스토리를 말해주고. 나도 그런 생각을 하고 더 놀다 가자는 거였어. 서울 가서 고생 좀 하자고. 짐 싸지 마……"

김병총과 함께

연재소설 경험의 대선배다. 어련히 생각해서 하는 말일까?

여기에 송영(『땅콩껍질 속의 연가』로 주가를 올린 음악 애호가 작가 선배)이 동조한다.

"난 연재는 안 하지만 수산이 말이 맞네. 서울 가서 고생 좀 하고 여기서 더 놀다 가."

그렇게 5일을 더 머문 뒤 귀국했다. 나는 짐도 풀지 못하고 밤새도록 원고를 써 다음날 신문사로 보냈다. 정말 아슬아슬한 턱걸이를 한 셈이다. 신문의 소설 연재는 수십만 독자와의 약속이다. 펑크란 절대 있을 수 없는 일이다. 그 책임을 위해 여독도 풀지 못하고 숨넘어가게 글을 쓴 것이다.

원고를 보내놓고 나니 이번엔 한수산이 걱정이다. 틀림없이 나처럼 밤샘 작업을 했을 것이다.

연말이라 바쁜 일정이 많겠지만 원고보다 더 급한 일은 없지 않은가?

나는 전화를 걸었다.

"나 어제 밤샘해서 원고 써 보냈어! 한형은? 원고는 보냈어?"

당시 한수산은《경향신문》에 연재하고 있었다.

"다행이네, 은근 걱정했는데. 난…… 사실 대만 갈 때 원고 끝자까지 써 보내고 갔던 거야. 하하하. 미안해……"

엥? 또 당했다. 이미 연재 마치고 끝자까지 써 보낸 한수산이다. 그리고 나를 잡기 위해 서울 가서 같이 밤샘 원고 쓰자고 꼬드긴 것이다.

"하하하. 내가 또 당했군! 언제 뒷풀이나 한번 해!"

김홍신. 그가 화려한 스타일이라면 한수산은 조용하고 내성적인 스타일이다. 김홍신은 진취적이고 도전적이다. 그리고 멋쟁이다. 목에 스카프를 두르고 멋진 자동차를 타고 다닌다. 군중들 앞에서도 전혀 주눅 들지 않는 말솜씨를 자랑한다. 그가 국회의원이 된 것도 이런 스타일 때문이다. 스타 기질이 다분한 성격이다. 또 그럴 자격이 충분히 있는 스타 작가다.

그러나 한수산은 또 다르다. 말도 소근소근 귀엣말로 하고 학구적이다.

그의 외면(外面)은 그저 다정다감해 보이지만 내면은 항상 무엇인가를 탐구한다.

김홍신은 독자를 끌고 다니는 타입이고, 한수산은 독자와 같이 걸어가는 타입이다.

김홍신 소설은 전개가 빠르고 문장이 분명하다. 한수산은 문장이 감미롭고 따듯하다. 그래서 여성팬들의 절대적인 사랑을 받고 있다.

그런데 이 두 거인 스타 작가들은 서로 별 교류가 없다. 글 쓰는 스타일과 성격이 다르기 때문일까? 아니면 기회가 없어서였을까?

당시 김홍신은 TV에서 사회 비리를 파헤치는 프로에 리포터로도 활약하고 있었고, 한수산은 MBC 라디오에서 조용한 심야 프로를 진행하고 있었다.

두 작가의 성격을 극명하게 보여주는 대목이다. 그에 비하면 나는 이도 저도 아닌 천방지축 타입이다.

추리작가 대부 이야기

김성종 추리 소설가

'입담'이란 것이 있다. 재미있게 말 잘하는 사람을 입담이 좋다고 평가한다. 대한민국 작가 중 입담 세기로는 황석영을 따라갈 사람이 없다. 황석영을 아는 사람이라면 이 말에 머리 끄덕이며 적극 동의할 것이다. 또 김홍신을 빼놓을 수 없다. 시간만 주어진다면 몇 시간이고 쉬지 않고 떠들어댈 사람이다.

나 역시 아는 사람은 알만한 입담을 가지고 있다. KBS에서 1시간 인터뷰하고 입담에 반한 라디오 국장이 다음날부터 마이크를 맡길 정도라면 충분히 실감할 것이다. 이건 순전히 어려서 웅변을 한 탓일 거다.

그런데 말이 어눌하기로 유명한 작가도 있다. 이문열이 그렇다. 글씨 악필하면 최인호이고, 어눌한 말투하면 이문열이다. 그러나 말 내용은 매우 훌륭하다. 그래서 초청 강연이 많은 이문열 작가다.

그리고 말솜씨가 정말 별로 없는 유명작가 한 사람을 알게 되었다. 바로 김성종 선배다. 워낙 과묵한 탓도 있겠지만 말솜씨는 정말 별로 없어 보였다.

신은 그에게 모든 재능을 다 주지 않은 모양이다.

김성종. 당대 최고의 추리작가다. 『여명의 눈동자』 『최후의 증인』 『제5열』 등으로 최고 인기작가 반열에 올랐다. 그러나 추리소설을 공부해 본 사람이라면 알 것이다. 그는 정통파 추리작가라기보다는 스릴러 작가라는 게 맞다. 정통파라면 영국의 아가사 크리스티, 코난 도일 같이 미스터리 사건을 풀어나가는 작품을 말한다. 그리고 첩보소설이나 스릴러 소설이라면 『바늘구멍』으로 유명한 '켄 폴레트' 작가의 스타일을 들 수 있다.

김성종은 '켄 폴레트'와 영국 최고 스릴러 작가 『자칼의 날』의 프레드릭 포사이드 스타일이다. 어쨌거나 나에게는 선망의 대상이며 목표 작가의 하나다. 그 무렵 한국에는 정통파 추리작가를 지향하는 분들이 몇 있었다.

현재훈, 노원 등이 이분들이다. 현재훈은 이미 작가로 등단한 기성 작가였고 노원 씨는 가끔 한두 작품씩 쓰는 이를테면 추리소설이 좋아서 쓰는 아마추어 작가였다. 대개 일본 최고 고전 추리작가 마쓰모토 세이초와 에도가와 란보의 영향을 받은 작가들이었는데 작품도 그들의 것을 벗어나지 못한 작품들이었다. 모든 면에서 독자들의 사랑을 독차지하기에는 턱없이 부족했다.

그에 비하면 김성종은 구성이나 테마, 문장력, 작품을 끌어가는 힘에서 그들과 비교도 되지 않았다. 대단한 흡인력을 가진 작가였다. 그러기에 일간스포츠에 독점하여 쓰는 작가가 된 것이다.

내가 한국에서 추리작가로 인정받고 사랑받으려면 김성종과의 차별화가 필요했다. 김성종의 아류라 인식되면 더 나아갈 방법이 없다. 그래서 정통파 추리소설을 쓰되 아직 국내외에서 아무도 써 본 일 없는 나만의 독특하고 개성 있는 작품을 써 독자들에게 선보이려 했다. 그것이 앞서 말한 『덫』과 『5시간 30분』이다.

열차살인사건 추리소설에는 아가사 크리스티의 『오리엔트 특급 살인』이 있었고, 일본 마쓰모토 세이초의 『점과 선』이 있었지만 『5시간 30분』은 그들 작품과는 트릭이나 구성이 전혀 달랐다.

부족한 점이 한두 가지가 아니지만 이런 소설을 처음 접해 본 언론이나 독자들은 격찬을 아끼지 않았다. 소설 구성법, 끌어가는 힘, 독특한 트릭, 오직 사건만 따라가는 간결한 문장 그리고 의학의 도입, 끊임없는 흥미 이것이 추리작가로 인정받는 힘이 되어 주었다.

이 힘을 바탕으로 오랜 세월 작가들의 꽃인 신문 연재를 할 수 있었고 독자들의 사랑을 받을 수 있었다.

차별화에 성공한 셈이다. 이것이 나와 김성종과 인연의 첫 단초였다.

그러나 그나마 내가 성공할 수 있었던 근간은 역시 추리소설의 대중화에 성공한 김성종 선배 덕이다. 그가 추리소설 마니아를 확보했기 때문이다. 대중화에 성공한 그 바탕이 없었다면 나는 고군분투했을 것이다.

1986년 3월 하순 어느 날. 국민대학교 인문대학장 이가형 선생과 김성종 선배 그리고 내가 가세한 일행이 서울을 떠나 포르투갈을 향해 가고 있었다. 포르투갈 초청 세계추리작가대회 한국 대표로 참석하기 위해 출발하는 길이다.

이가형 학장은 작가는 아니지만 외국 추리소설을 한국에 가장 많이 번역하여 소개한 분이다. 그리고 국내에서 추리소설을 좋아하는 각 대학 영문학자들과 함께 〈미스터리 클럽〉이란 것을 만들어 현재 회장으로 재임 중이다. 그래서 함께 동행했다.

이가형 학장은 세미나가 끝나면 국내 일정상 바로 귀국하기로 했고, 김성종과 나는 또 언제 올지 모르는 유럽이라 20일 정도 더 머물며 서유럽을 일주하기로 했다. 김성종 선배와의 여행이라 나는 한결 기분이 올라 있기도 했다.

포르투갈은 자신의 나라 관광산업과 홍보를 위해 생각한 것이 각 나라에서 영향력 있는 추리작가들을 초청하여 세미나를 열기로 한 것이고, 한국에서는 우리 일행 3명이 초청받아 가는 것이다.

바다 건너라고는 제주도와 강화도가 전부인 나는 들뜨고 설레는 마음으로 유럽을 상상하고 있었다. 해외근로자나 이민자 외에는 정말 특수층만이 누릴 수 있는 해외여행이다.

대한항공으로 도쿄에 도착한 우리는 에어프랑스 비행기로 갈아타고 알래스카로, 다시 얼음으로 뒤덮힌 시베리아 벌판을 관통하여 프랑스 파리에 도착했고, 파리 공항에서 드골 공항으로 옮겨 마침내 우리 일행은 포르투갈 리스본 공항에 도착했다.

여행은 언제나 많은 에피소드를 만든다. 대만에서 김병총, 한수산과 그랬고 유럽에서는 김성종 선배와의 배꼽 잡을 에피소드가 있었다. 쓸데없이 긴장한 일도 있었고 어이없어 웃은 일도 많다. 장기 여행이니 그 수는 대만 때보다 더 많은 것이 당연하다.

살았다. 전두환 대통령 사진이다

공항에서 우리 일행은 주최측이 제공한 호텔에 투숙했다. 첫날은 피로가 엄습하여 일찍 잠에 떨어졌다. 다음날 호기심 많은 나는 누구보다 일찍 일어나 거리를 구경하고 오가는 포르투갈 사람들을 보

김성종과 함께(포루투갈에서)

았다. 체구는 우리와 비슷했지만 여성들은 좀 더 작아 보이고 인형처럼 예쁘다. 콧날이 오똑하고 눈은 크고 아름다웠다. 대개가 그랬다.

촌놈 서울 구경 처음 하는 그런 표정이었으리라. 다시 호텔로 돌아왔을 때 주포르투갈 한국 대사관에서 연락이 왔다고 했다. 대사가 저녁 식사를 대접한다는 것이다. 사람과 자동차를 보낼 테니 대사관으로 먼저 오셨으면 좋겠다는 것이다.

물론 우리는 이 초대를 기꺼이 승낙했다. 대사의 초청인데 어찌 거절하겠는가?

오후쯤에 대사가 자동차와 한국 사람 한 명을 보내왔다. 그리고 차에 오른 후에야 "아~차" 싶었다.

그 당시 영화배우 최은희 씨가 북으로 납치되었고, 남편이며 영화감독인 신상옥 씨가 역시 북으로 갔다는 보도가 나라를 충격으로 빠뜨린 직후였다. 한국에서 출발하기 전에도 귀에 딱정이가 앉도록 교육을 받았다. 포르투갈엔 북한의 대사관도 있으니 각별히 조심해 달라는 교육이다.

우리는 한국 대사관에서 왔다는 이 남자의 정체를 모른다. 대사의 초청이라지만 그가 북쪽 사람인지 한국 대사관 사람이 맞는지 모른다. 이런 생각이 들자 펜으로 문자를 나누었다.

즐거울 대사 초청이 갑자기 공포 분위기로 돌변했다. 거리에는 낫과 망치가 있는 소련 깃발에 있는 노동 표시가 붙어있어 더욱더 두려움에 떨어야 했다.

'만일 북한 대사관이라면 목숨 걸고 튀자……'

그러나 그건 우리 생각이다. 연세 많으신 이가형 선생은 어쩌란 말인가?

'어쩌지?' 모두 얼굴이 사색이 되었다. 그런 걸 꼼꼼히 알아보지 못한 것이 너무나 후회가 되었다. 그러나 이미 엎질러진 물이다.

마침내 한 건물 앞에서 차는 멈추어 섰다. 매우 낡은 건물인데 대사관이 통째로 쓰는 것이 아니라 한 층을 빌려 사용하는 것 같았다. 몇 층인가 엘리베이터에서 내렸는데 복도는 불이 켜져 있지 않아 어둡고 침침했다. 우리 일행은 완전히 공포에 질려 있었다.

이런 대사관을 상상할 수 없기 때문이다. 김성종도 이가형 선생도 모두 사색이 된 채 안내원 뒤를 따랐다.

'도망갈까?' 눈으로 말하지만 이미 너무 늦어 버린 것 같다. 이러다 정말 북한으로 끌려가는 건 아닌지?

안내원이 문을 열었다. 밝은 조명이 켜져 있고 한 중년 남자가 웃으며 일어나 맞아준다.

그런데, 대사(당시 김기성 대사) 같은 그분의 뒤에 근엄한 표정의 '전두환 대통령' 사진이 걸려있다.

'헉! 아니다. 대한민국대사관이 맞다.'

이렇게 전두환 대통령 사진이 반갑고 고마운 건 그때가 처음이다.

"휴~우"

놀랍기도 하고 웃음도 터져 나온다. 후들거리던 다리와 마음을 진정시키고 차를 마시는데 신문을 가져와 보여준다. 김성종 선배가 연재하던 신문과 내 책 광고에 내 얼굴이 크게 나온 신문이다.

하하하. 이런 걸 10년 감수했다고 하던가?

그날 대접은 음식이 입으로 들어가는지 코로 들어가는지 아직도 기억이 없다.

그러나 지금도 기억하는 것은 근엄한 전두환 대통령 사진이다! 우리를 살려준 그 사진!

쭈쭈와 포복절도

세계추리작가대회에는 한국을 비롯하여 핀란드, 벨기에, 베네수엘라, 스웨덴, 이집트, 덴마크, 동독, 포르투갈 등 13개국 40여 명이 참석했다. 처음 치르는 대회라 주최측의 노력에도 불구하고 많은 나라가 참석하지 못했다. 언어는 영어와 포르투갈어를 사용했고 주제는 '추리소설의 어제와 오늘 그리고 미래'라는 테마였다. 한국

측에서는 김성종 선배가 발표했고 유학생 한 명을 섭외하여 그가 통역을 해주었다.

동양에서는 한국이 유일하게 참석했는데 일본, 북한도 초청했다는 설명이 있었다. 북이야 추리작가가 있을 수 없지만 일본은 일본대사가 적극 나서지 않아 참석이 불가능했다고 한다. 우리가 참석하게 된 것은 포르투갈 정부에서 한국 대사에게 초청을 의뢰했고, 대사는 각 본국 외무부로 통보, 외무부는 문화공보부에 협조를 얻어 대회에 참석한 것이다.

나름 의미 있고 보람된 세미나였고, 외국 작가들은 우리나라 작가들이 전문 직업 작가라는데 놀라고 있었다.

5일간의 세미나는 이틀간 해양왕국의 박물관 등을 관광하고 본격적인 서유럽 여행길에 올랐다. 이가형 선생은 먼저 귀국길에 오르고 김성종 선배와 나는 마드리드를 향해 출발했다. 우리 일정은 다음과 같았다.

리스본→마드리드→로마→취리히→암스텔담→런던→파리→도쿄→서울이다.

마드리드시 변두리에 위치한 돈키호테와 산초의 동상을 찾아가 보고, 고도(古都) 톨레도를 둘러보았다

호텔에 비치된 안내문 책자에 눈길을 끄는 관광지가 있다. 바로 독재자 프랑코 무덤이다.

프랑코 독재자와 시민이 맞서 싸운, 그 유명한 스페인 내전의 원인이 된 대통령이다.

노벨문학상 수상자인 어네스트 헤밍웨이가 이 내전에 자진 참여하여 쓴 소설이 『누구를 위하여 종은 울리나』다.

엄청난 무덤을 바라보며 인생무상이 먼저 떠오르는 것은 무슨 이

유에서일까? 바로 건국 이래 최대의 경제 업적을 이루고도 독재로 심복 손에 죽임을 당한 박정희 대통령이 떠올랐기 때문이다.

관광을 마치니 시장끼가 돈다. 마드리드에서 한참이나 떨어진 지역이니 아무리 찾아도 식당을 찾을 수 없다. 그러다가 한 간이식당을 찾았다. 햄버거와 스페인식 샐러드가 고작이다.

배가 너무나 고파 샐러드를 주문했다. 그런데 음료수가 보이지 않는다. 냉장고에 넣어 놓았으리라.

김성종이 카운터로 가서 우유를 주문한다.

"밀~크. 프리즈."

"밀크?"

주인이 머리를 갸우뚱한다.

"예스, 밀~크."

입을 굳게 다문 주인이 어깨를 들썩이며 머리를 가로젓는다.

"밀크?"

아무래도 못 알아듣는 거 같다. 발음이 틀리거나 다른 이름이 있을지도 모른다. 유럽 변두리로 가면 영어가 전혀 통하지 않는다는 말을 들은 기억이 있다. 하지만 영어는 세계 공통어 아닌가? 더구나 밀크는 인류라면 누구나 마시는 영양 최고의 식품이다.

이번에는 기다리던 내가 나섰다.

어차피 영어가 안 통하는 건 분명하다. 물론 나의 영어 실력은 형편없는 처지다. 김성종 역시 영어는 전혀 못한다. 그런데도 여기까지 온건 내가 비록 행정부서이긴 하나 호텔에서 9년간 근무한 경력이 있어 호텔 예약, 음식 주문 정도는 한다. 하지만 이건 상황이 다르다.

내가 나섰지만 상황은 마찬가지다.

'흠…… 영어가 전혀 안 통하는군.'

그렇다면 다른 세계적인 소통 방법이 있다.

"선배! 잘 보세요?"

나는 상의에 손을 집어넣고 여자 젖가슴을 꺼내는 흉내를 냈고 꺼낸 젖가슴을 두 손으로 주물러 댔다. 젖 짜는 시늉을 한 것이다.

"와 하하하……"

주인이 들고 있던 쟁반을 떨어뜨리며 박장대소를 한다. 김성종도 그때서야 눈치를 채고 낄낄 댄다. 보디랭귀지. 말이 안 통하면 이것이 제일이라던 출국 전 한 선배의 말이 떠오른 것이다. 그렇게 우유를 마실 수 있었다.

귀국한 후 나는 가끔 이 이야기를 들려주며 주위 사람들을 웃긴다.

수상한 이집트 여인

콜로세움, 트레비 분수, 스페인 광장, 오드리 헵번과 그레고리 팩의 영화 〈로마의 휴일〉에서 수없이 본 로마 유명 관광지다. 뿐만 아니라 가톨릭 본거지인 바티칸 대성당과 맞은편의 엔젤 성. 유럽에서 볼거리가 가장 많은 곳이 로마다. 거리에서 흔히 볼 수 있는 조각품들 하나하나가 다 국보급 보물이다.

그러나 밤거리는 위험하다. 밤에는 되도록 외출하지 않는 것이 좋다.

하지만 밤마다 호텔에 박혀 있다는 것도 지루하기 짝이 없는 일이다. 나는 낮에 보아 두었던 영화관을 김성종 선배와 같이 찾아갔다. 영화배우 안소니 퍼킨스 주연의 사이코 공포물 영화다. 그런데 극장에서 한 여인을 만났다. 얼굴이 유럽인 같지는 않은데 그녀도 우리가 동양인이어서 그런지 호감을 가지고 말을 걸어왔다.

그녀도 나도 서툰 영어로 대화가 오갔다.

우리는 한국에서 왔으며 지금 로마 여행 중이라 했다.

그녀는 이집트 여자다. 남편이 얼마 전 심장마비로 타계하여 혼자 여행하며 슬픔을 이겨내는 중이라 했다. 혼자 심심하니 같이 영화보고 셋이 차나 마시고 헤어지자는 것이다.

피할 이유는 없다. 김 선배도 그러자고 승낙했고 셋은 자리 잡고 영화 상영을 기다리고 있었다. 자막이 있을 리 없지만 영화를 보면 충분히 이해할 것 같아 영화관을 찾아 왔다가 엉뚱하게도 슬픈 이집트 여인을 만났다.

잠시 앉아있던 여인이 웃으며 화장실을 다녀오겠단다. 그리고 복도로 나간다.

나는 아까부터 이 여인이 조심스러워 졌다. 아무리 남편이 갑자기 사망해도 여자 혼자 로마까지 여행한다는 것이 믿어지지가 않았다.

나는 여인에게 들키지 않을 정도의 거리를 두고 복도에서 지켜보았다.

휴대폰으로 어디론가 전화를 하고 있는데 무슨 말인지는 몰라도 이태리어가 틀림없었다.

아차…… 우리가 생각한 그런 순수한 여인이 아니다. 나는 직감적으로 이 여인이 우리를 노린 계획적인 접근이란 것을 깨달았다.

물론 목적은 돈이겠지. 그리고 이 여인 뒤에는 틀림없이 주먹 패거리들이나 여행객을 노리는 조직이 있을 것이다. 그렇지 않고서야 남편을 잃어 혼자 여행한다는 이집트 여인이 이태리어로 영화관에서 오랫동안 전화를 하겠는가?

나는 다시 영화관으로 뛰어 들어왔다.

"김 선배님. 아무래도 이상합니다. 그냥 갑시다."

그리고 김성종 손을 잡고 극장을 빠져나왔다.

"무슨 일인데?" 영문을 모르는 김성종의 눈이 휘둥그레진다. 자초지종 설명을 들은 후에야 그도 안도하는 모습이다. 아닐 수도 있지만 그날 상황은 분명했다.

둘은 영화 관람을 포기하고 택시를 이용하여 호텔로 도망쳐 돌아왔다.

"맞아. 정형이 잘 봤어. 남편을 잃어 여행온 여자가 아냐. 잘 못했으면 큰일 당할 뻔했어."

만일 그게 사실이고 우리가 당했다면 지금 생각해도 끔찍한 일이지만 그래도 대한민국 두 추리작가가 이집트 여인에게 당할 수는 없는 일이지.

말이 별로 없는 김성종 선배. 우리 여행은 이렇게 남들과 달랐다. 얼굴 본 지 참 오래되었다. 이제 80 가까이 되었을 것이고 얼굴 주름도 많이 생겼겠지……

세월을 이길 장사 없으니!

내 영혼과 추억 속의 사람들

전무송

황청원

전유성

이호재

야심 많은 영산회 모임

1970년대 후반, 종로에 위치한 조계사에서는 매월 한 번 정도 시 낭송회가 있었다.

승려 중에 시인으로 등단한 분들이 많았다.

시와 수필로 많은 독자와 팬을 확보하고 있는 황청원 시인과, 《한국일보》 신춘문예로 등단한 이청화, 석성일 그리고 시 전문지 《시문학》에 추천받아 활동하고 있는 박진관 스님들이 그들이다. 이들은 시인과 소설가들을 초청하여 시 낭송과 강의 자리를 마련해 주었다.

시인으로 먼저 데뷔한 나는 이청화, 석성일, 박진관 스님은 전부터 친분이 있어 잘 알고 있었고, 황청원 스님은 이 무렵 알게 되었다.

황청원 스님은 정릉 경국사에서 머물고 있었다. 그가 불교공부를 하고 싶어 하는 예술인들을 모아 만든 것이 영산회(靈山會)다. 대개 자기와 친분이 있는 사람들, 불교에 관심이 있거나 이미 불자가 된 사람들인데 면면을 보면 다음과 같다.

모두 기억나지는 않지만 그래도 지금도 기억에 남는 회원들이 많다.

연극인 제일 맏형뻘 전무송 형과 역시 연극인 이호재, 소설가 김홍신, 김호운(현 소설가협회 상임이사), 화가 최쌍중(일찍 작고한 국전 심사위원), 시인 정건섭(당시 소설가로 데뷔 직전), 코미디언을 개그맨으로 바꾼 개그 개척자 전유성. 그리고 시단에서 좋은 평가를 받아 많은 문학상을 받은 임영조 시인(일찍 작고) 그리고 아…… 이름이 기억나지 않는 몇 예술인들이 그들이다.

주지스님의 설법으로 공부를 했고, 자주 절밥도 얻어먹었다.

기독교에서 자란 나는 이 기회에 불교공부를 해보자는 뜻에서 기꺼이 동참했다.

우리는 밖에서도 모였다. 모이기만 하면 입에 침을 튀기며 성공을 다짐했다. 다짐이란 이런 것이다.

"10년 후 우리가 문화계를 주름잡자. 우리가 주인공이 되자. 모두 스타가 되자."

당시 최쌍중 화가는 이미 화단에서 이름 꽤나 날렸다. 전무송, 이호재 역시 연극계에서 알아주는 스타다. 하지만 국민이 알아주는 국민스타는 아니었다.

우리는 모두 스타를 꿈꾸었다. 그리고 이 모임 회원들이 미래 문화계 주인공이 되자는데 뜻을 같이한 맹세였다.

이중 가장 먼저 스타 테이프를 끊은 사람은 전무송 형이다. (나는 지금도 만나면 형이라 부른다. 인품 좋고, 성격 좋고, 나이가 제일 많아 우리는 그냥 형님이라 불렀다.)

승려 출신 작가 김성동의 화제작 소설 『만다라』를 그 시절 최고의 영화사 화천공사에서 영화로 만들었다.

파계(破戒)를 통해 깨달음을 얻겠다는 한 승려 이야기인데 전무송 형은 안성기와 공동 주연을 했고, 영화는 소위 대박을 터트렸다.

원래가 불자인데다 얼굴이 인자하기 짝이 없어 보여 〈만다라〉의 승려 연기로서는 정말 안성맞춤이었다. 중후한 외모에 연극으로 다져진 연기는 안성기를 압도할 것 같았다.

전무송, 안성기, 방희 세 스타를 지휘하며 만든 감독이 그 유명한 임권택 감독이다.

영화관은 관람하려는 사람들로 장사진을 이루었고, 영화를 감상한 사람들은 입소문 내기에 바빴다.

'저 연기를 해낸 사람이 무송이 형일 줄이야……'

나는 정말 기뻐했고 진심으로 축하해 주었다. 영화를 두 번이나 보았고 명절 특집 방영은 빼놓지 않고 보았다.

내가 작가가 된 후에도 만날 기회가 많았던 형은 그때마다 이런 제의를 해왔다.

"정형! 멋진 미스터리 희곡 하나 써 줘. 내 가까운 연기인들과 전국 순회공연 해 보게."

하지만 내가 문학 장르 중에서 손도 대보지 못한 분야가 있었으니 바로 희곡이다.

너무 어렵게 생각했다. 시, 소설, 평론, 수필, 드라마 시나리오까지 안 써본 장르가 없다. 하지만 희곡은 끝내 한 편도 써보지 못했다. 두려움 때문이다. 그래서 전무송 형의 꿈을 이뤄주지 못했고, 그는 다른 외국 작품(아서 밀러 원작 『세일즈맨의 죽음』을 번안한 〈아버지〉)으로 이순재 씨와 함께 전국을 다니며 공연했다.

이렇게 첫 테이프를 끊은 뒤 1년 반 후 두 번째 대박이 터졌다.

김홍신의 『인간시장』이다.

한국일보에서 발행하는 주간지가 있었다. 《주간한국》이 그것이다.

내가 포르투갈의 초청을 받아 떠나게 되었을 때 당시 편집국장이던 박승평 씨가 나를 찾는다. 성격이 호탕하고 잘생긴 분이며 나와는 친분이 두터운 분이다.

"정 선생! 박승평입니다. 내일 시간 있으면 와서 차나 한 잔 하지요. 상의할 일도 있고……"

무엇일까? 상의할 일이? 소설 연재는 아니다. 주간한국에는 이미 엄청난 소설이 연재 중이다.

다음날 만난 자리에서 박 국장은 유럽 가서 흔히 볼 수 있는 명승지가 아니라 그 나라의 뒷골목 혹은 신문이나 TV에서도 보기 힘든 곳을 찾아 사진을 찍어 와 달라는 것이다. 유럽 기행문까지 덧붙여 각국 풍경을 연재하고 싶다는 것이다. 나는 흔쾌히 승낙했다.

"그런데 참 궁금한 게 있어요! 김홍신 인간시장 말입니다."

"아! 인간시장? 김홍신 씨와 교류가 있습니까?"

"교류 정도가 아니라 절친한 사이죠. 그거 지금 100만 부 돌파했잖아요? 어떻게 그런 히트작을 만난 겁니까?"

김홍신의 『인간시장』 당시 그 소설은 주간한국에 계속 연재 중이고 이미 1, 2편은 100만 부를 돌파하고 있었다.

"우리에게 큰 행운이죠. 한국 소설 역사상 그런 판매량은 보지 못했으니까요. 우리는 어느 정도 예감은 하고 있었지만 그런 폭발적인 인기를 얻으리라고는 생각 못했습니다."

너무 재미있고 사회 부조리를 샅샅이 뒤지는 집념에 감탄을 금치 못할 작품이라 했다.

안다. 이미 알고 있다. 100만 부 베스트셀러 『인간시장』을 모르는 한국인이 어디 있을까? 간첩도 '김홍신'과 '인간시장'은 알고 올 것이라는 말이 퍼질 정도였다.

그러니까 영산회 회원 중 두 번째로 대히트를 친 것이다.

영화배우, 가수 같은 연예인 뺨치는 작가 스타가 된 것이다. 내가 이렇게 자랑스러운데 연재하고 있는 주간지 편집국장이야 얼마나 흐뭇하고 자랑스러울까?

유럽을 다녀온 후 사진을 곁들인 기행문과 「인간시장」은 함께 연재되었다.

이때 「인간시장」은 230여 회를 연재하고 있을 무렵이다.

그런데 나의 기행문에는 에피소드가 있다. 사진과 기행문을 보낸 뒤 박승평 국장과 사진부장이 함께 자리한 일이 있다. 사진부장과 국장이 사진이 프로급이라는 찬사였다.

"제가 갔어도 이 이상의 작품은 못 만들었을 겁니다. 사진 언제 배우신 일 있으신가요?"

사진부장의 말이다.

"따로 배운 게 아니라 유럽 가서 사진을 찍기 위해 《월간 영상》이라는 사진 잡지를 구입해 배우고 떠난 겁니다. 일부러 망원 렌즈까지 샀고요. 저도 참 맘에 듭니다."

"작가님은 소설가가 아닌 사진작가가 되었어도 충분히 성공했을 겁니다. 아마추어가 이런 작품을 찍는다는 건 거의 불가능하거든요."

지금 보아도 유럽 각국에서 찍은 사진은 정말 훌륭했다.

이것이 계기가 되어 사진작가 동호회까지 가입하여 활동도 했고 사진 전시회를 열 수 있었다.

뒤에 고두심 씨 소개가 있겠지만 친구처럼 가까웠던 고두심 씨에게 김홍신을 소개했고 나는『인간시장』두 권을 사서 서명을 받아 선물한 기억도 있다.

작가에게 가장 고마운 일은 가족이건 친구건 자기 책을 서점에서 사 주는 일이다.

어쨌든 전무송, 김홍신 그리고 코미디를 개그로 바꾼 전유성이 있다.

합죽이 김희갑, 뚱뚱이 양훈, 홀쭉이 양석천, 막둥이 구봉서 그리고 개다리 춤의 배삼룡, 서영춘, 백금녀, 송해, 박시명 이들이 코미디언 원조분들이다. 다음 세대가 배일집, 배연정, 남철, 남성남, 더 후에 심형래가 등장 코미디 대부가 된다.

심형래가 〈변방의 북소리〉라는 코너를 만들었다. 북방을 지키는 군졸들을 들볶는 심형래지만 결국 자기 자신에게 피해를 주는 그런 코미디다. 그런데 이 병졸들 중 유난히 많이 얻어맞는 군졸이 있었다. 얻어맞기만 하고 대사 한마디 없는 약하게 생긴 군졸이 있었는데 그가 지금의 '유재석'이다.

어쨌든 코미디는 오랫동안 팬들을 확보하고 있었지만 시간이 갈수록 같은 패턴의 되풀이와 소재 빈곤, 과도한 오버 몸짓으로 점점 인기는 시들해져 갔다.

이때 나선 사람이 전유성이다.

그는 코미디를 '개그'로 코미디언을 '개그맨, 개그우먼'으로 부르며 코미디를 현대화시켜 갔다. 이상한 몸짓, 억지웃음으로 근근이 버텨가던 코미디계에 새로운 바람을 일으켰다.

억지 액션보다는 위트와 유머, 웃음의 허를 찌르는 반전 등으로 새로운 바람을 일으켰고 웃음은 다시 활기를 되찾기 시작했다.

그동안 웃음의 주인공들도 많이 바뀌었다.

빨간 양말 임하룡, 밥풀떼기 김정식 그리고 좀 더 후 인기를 독차지한 일자 눈썹의 김미화, 김한국 콤비, 날라리야 임미숙, 눈이 크고 미인 대접받았던 팽현숙, 지영옥의 지씨 아줌마. 그리고 김학래, 최양락 등이 그 뒤를 이어받으며 개그의 풍년을 다시 일궈냈다.

전유성은 웃음의 한 세대를 바꿔 놓았다.

좀 늦게 영산회에 입회한 전유성은 열정적으로 참가했으며 선배들의 사랑을 독차지했다.

지금은 경북 청도에서 극장을 차려 공연하고 후배양성에 정열을 기울이고 있다. 기회가 되면 한 번 찾아가 볼 것이다.

다음으로 겨우 시인이라는 이름이 알려질 무렵, 갑자기 엉뚱한 추리작가가 된 내가 후속 스타가 되었다.

내가 나를 스타라 하니 멋쩍기도 하고 염치없어 보이지만 데뷔 첫 작품으로 스타가 된 건 사실이다. 지금은 많이 잊었을 것이다. 왕성하던 시절이 흘러간 데다 장르 소설이라 한계도 있다. 김성종 선배는 지친데다 너무 많이 발표하여 글 안 쓰고 쉬고 있고 나 역시 좀 쉬고 싶어 창작을 멈추었기 때문이다.

둘이 창작을 멈추니 신문과 서점에서 추리소설 찾기가 어려워졌고 매스컴도 차차 잊혀가고 있다. 천하의 대영화배우 신영균 씨를 지금 누가 기억이나 할까? 김지미, 최은희 당대의 스타들도 지금 젊은 세대는 전혀 모른다. 세월이 흐르면 누구나 잊혀지게 마련이고 또 기억한들 무슨 소용 있으랴!

그저 남은 건 추억뿐이다. 하지만 아직도 각 공영 도서관이나 대학 도서관에 가면 적어도 내 소설 총 60여 권 중 20권 이상이 꽂혀 있다. 나로서는 분에 넘치는 대접이고 명예다.

그러나 1980년대 초부터 2000년대 초반까지 나는 왕성하게 작품을 발표했고 독자층 또한 단단했다. 신문에 연재소설을 끊임없이 썼고, 방송국에서 라디오, TV 가릴 것 없이 출연했으니 스타가 된 건 사실이다.

스타 영화감독 〈별들의 고향〉 〈어우동〉 〈바보선언〉 등 히트 제조기 이장호와 친해져 시사회는 물론 집까지 놀러 다닌 것도 방송국에서 맺은 인연 때문이었다. 명품 성우 배한성, 얼마 전 스스로 목숨을 끊은 야구해설가 하일성, 〈겨울여자〉의 김추련 등과도 각별한 사이가 된 것도 방송국에서다.

나에게는 그들이 스타였고 그들에게는 내가 스타였다. 서로 마음을 주고받으면서 나는 한 사람 한 사람 인간과 삶을 알아갔다. 그것은 지금까지 글을 쓰는데 엄청난 재산이 되었다.

사람을 좋아해 뜻만 맞으면 마음을 주고받는 스타들인데 그런 스타들이 하나 둘, 늘어만 갔고 인간 금고는 차고 넘쳤다. 모두 빛나는 보석들이다.

어쨌든 우리 영산회에서는 처음 만났을 때의 패기만만한 결의가 말로 끝나지 않고 이렇게 신문사, 방송국에서 모이게 되었다.

스타! 스타란 무엇인가? 적어도 자기 분야에서 성공하고 이 성공으로 대중들에게 사랑받고 존경받는 사람을 말한다. 말하자면 자기를 좋아하고 사랑해 주는 '팬'이 많은 사람을 말한다. 자기 분야 영화배우, 가수, 성악가, 화가, 운동선수, 작가, 방송인, 교수들 중에도 스타가 있다. 심지어 종교계의 성직자들 중에도 스타가 있다.

스타는 아무나 되는 것이 아니다. 자기 분야에서 피나는 노력으로 일궈낸 결과다.

가수나 배우가 되고 싶은 사람이 어디 한둘인가? 방송인이 되고 싶은 사람이 어디 한둘인가? 누구나 자신이 세상에 알려지고 싶고 인정받고 싶어 한다. 세상에 태어난 인류 모두는 대개 그렇다. 그 꿈을 이루기 위해 피땀 나는 노력을 한다. 노력 없이는 성공하지 못한다.

그리고 그 성공은 부와 명예를 덤으로 준다.

법정 스님은 '명예나 부를 쫓지 말라'고 설법하고 글을 쓰다 스타 승려가 된 분이다. 그리고 존경받게 되었다. 이 경지에 오기까지 얼마나 많은 사색과 공부를 했겠는가?

전무송, 김홍신, 전유성, 이호재 이들이 남들처럼 먹을 것 다 먹고 잘 것 다 자고 스타가 되었겠는가? 아니다. 스스로의 고통을 달래고 억제하지 못했다면 그들에게 성공은 없었을 것이다.

그래서 나는 이들을 좋아한다. 스타들을 좋아한다. 보이지 않는 엄청난 노력에 찬사를 보내는 것이다.

이제 영산회 마지막으로 황청원을 말한다.

황청원 그를 빼놓을 수 없다. 영산회의 산파역을 한 그는 후에 승복을 벗고 김혜정이라는 탤런트와 결혼을 했는데 틈만 나면 우리집을 찾아와 밤 10시~11시가 넘도록 이야기꽃을 피웠다. 그러던 그가 충북 일죽이라는 농촌으로 살림을 옮겼는데 오래전 어느 날, 이

커플이 헤어졌다는 소식을 듣게 되었다. 믿어지지가 않았다. 깊고 아름다운 글을 쓰던 황청원. 〈전원일기〉에서 내면 연기로 사랑받던 김혜정! 서로 죽을 만큼 사랑해서 승려복까지 벗어버린 그들이 왜 헤어졌을까?

난 아직도 모른다. 알고 싶지도 않다. 그저 안타깝고 슬플 뿐이다. 더욱 슬픈 것은 이들 소식이 지금까지 없다는 것이다.

어디선가 만나 밤새도록 이야기 나누고 싶은 그리운 얼굴이다.

내 영혼과
추억 속의
사람들

황장엽

김현희

북에서 온 사람들❶

황장엽 전 북한 노동당 서기

너무나 불행한 사람

한 · 러 수교가 1990년 9월 30일에 이루어졌다.

고르바초프가 물러나고 개방정책을 표방한 옐친이 새 대통령이 되었다. 국호가 소련이던 것을 '러시아'로 바꾸고 한국과의 수교가 정식으로 이루어졌다.

영사 협정은 1992년 3월에 이루어졌고, 같은 해 9월 하순 나는 어렵게 비자를 얻어 러시아 비행기로 이들 최대 공업도시며 극동 도시인 '하바롭스크'를 향해 달려갔다

취재가 목적이다.

미국과의 군비경쟁으로 나라 살림이 엉망이 된 러시아는 미국의 원조를 받고 있고 삶은 궁핍하기 이를 데 없는 시절이다. 사람들은 검은 비닐봉지를 들고 감자를 배급받기 위해 뱀처럼 줄을 섰고, 사람들 얼굴은 모두가 한결같이 무표정했다. 암담한 미래의 삶 때문이리라.

그러나 내 목적은 러시아가 아니다. 이 궁핍한 땅으로 먹을 것을 찾아오는 북한 사람들 때문이다. 북한이 경제난으로 굶어 죽는 사람이 허다하다는 말을 듣고 갈 수 없는 북한이 아닌 이 극동 도시 하바롭스크를 찾아 북한 현실을 취재하려 했던 것이다.

러시아에 머무는 동안 북한에서 온 사람은 만나지 못했다. 대신 북한에서 온 친척에게 눈물 흘리며 먹을 것을 챙겨주었다는 이민족 동포를 만날 수 있었다.

듣던 그대로였다. 굶어 죽는 사람이 한둘이 아니라는 것이다. 오죽 힘들면 먹을 것이 없어 허덕이는 이 러시아까지 친척을 찾아 왔을까?

그런데도 서울에서는 이런 북한의 참혹한 현실을 믿지 않는 사람이 많았다. 허위보도라는 것이다.

나는 귀로 이를 확인했다.

한국은 참으로 거짓 정보가 너무 난무하는 나라다. 왜 그런지 알 수 없다.

서해안에서 발생한 '천안함' 폭침 사건 때도 자작극이니, 사고였다느니 하며 북한의 소행이라는 것을 극구 부인하는 말이 엄청나게 퍼지기도 했다.

KAL 폭파범 김현희(일명 마유미)가 체포되어 왔을 때도 가짜라느니, 홍콩 여자라느니, 심지어 부산 여자라는 말까지 번져 한때 정말 가짜인가 의심한 사람들도 적지 않았다.

최근의 세월호 침몰 사건도 잠수함에 부딪쳤다는 루머가 오랫동안 진실처럼 퍼지기도 했다. 하지만 내가 러시아에서 확인한 것은 수없이 많은 사람이, 아까운 생명이 굶어 죽어가고 있다는 사실이었다.

굶다 못해 탈북하여 대한민국 품으로 들어온 사람도 부지기수였다.

나는 하바롭스크를 샅샅이 뒤졌다. 언젠가는 대한민국과 북한 러시아를 잇는 소설을 쓰기 위해서다.

언제가 될지, 어떤 소설이 될지는 나중 이야기다. 다시 가기 힘든 러시아 땅이기 때문이다.

세월이 흘러 2002년이 되었다. 초가을 어느 날 나는 일이 있어 일산에 있었는데 휴대폰으로 전화가 걸려왔다.

"정건섭 작가님 전화 맞으신가요?"

연로하신 분의 목소리다. 그리고 낯선 목소리다.

"네. 그런데요? 누구신지……"

"저…… 저 황장엽입니다!"

"네? 황 선생님?"

출판사로 연락하여 전화번호를 알았다고 했다.

"책 잘 읽었습니다. 만나고 싶습니다. 괜찮겠습니까?"

"물론입니다. 저도 뵙고 싶습니다."

황장엽 씨는 자신을 만날 수 있는 방법과 사무실 위치를 알려주었다.

내가 북한과 러시아 하바롭스크 대한민국으로 이어지는 소설 『황장엽을 암살하라』라는 소설을 출판했고 황장엽 씨가 이를 읽은 것이다.

연락받은 다음날 모처로 찾아갔다. 당시는 안기부에서 경호하고 있었는데 황장엽 씨는 마침 누군가와 대화 중이라 하여 기다리고

황장엽 타계 1주일 전 모습

있었다. 경호원들은 비교적 친절하게 맞아주었다.

그들도 내 소설을 읽었다고 했다. 그리고 뜬금없는 질문을 한다.

"혹 젊으셨을 때 중앙정보부나 미국 첩보기관에서 근무하신 일 있으신가요?"

"네? ……아닙니다. 작가되기 전엔 선경그룹에 있었어요. 쉐라톤 워커힐이요."

"아…… 그런데 어떻게 국제 첩보전에 그렇게 해박하신지. 우린 대부분 작가님이 젊어서 그런 분야에 계신 줄 알고 있었죠."

"하하하. 충분히 이해합니다. 그쪽으로 공부를 많이 했거든요. 특히 2차 대전 후 냉전시대 영국의 M 조직과 소련의 KGB의 첩보전은 기가 막히죠."

"아…… 어떻게 그런 공부까지……"

"제 소설 전공분야 중 하나입니다. 작가가 되려면 자기 전공분야에 대한 공부를 많이 해야 하거든요!"

『황장엽을 암살하라』 책에도 은퇴한 한국계 전직 KGB 암살 요원이 등장한다.

그런데 사실 이 책을 쓴 목적은 '황장엽'뿐만 아니다. 북한의 현실을 알리는 것이 목적 중 하나다. 당시 얼마나 많은 사람들이 굶어 죽어 갔나? 단지 체제유지를 위해서…… 이것이 허위 보도일지 모른다는 생각에서 러시아 극동 도시까지 가지 않았나! 그리고 거기 사는 우리 이민족을 통해 확인하지 않았나?

마침내 황장엽 씨 손님이 가고 나를 찾는다.

사무실로 들어서자 TV와 신문에서 보았던 낯익은 얼굴의 황장엽 씨가 반갑게 맞아준다.

사진, 영상과 실물은 별 차이가 없다. 한눈에 보아도 그저 나이 드신 학자 타입니다. 두 손을 잡으며 반기신다.

둘은 다시 차를 마시며 비교적 많은 대화를 나누었다.

북한의 현실과 소설의 차이점은 있으나 비교적 정확한 취재였고, 취재를 위해 러시아까지 갔다는 게 놀랍기만 하다는 것이다. 게다가 북에 남겨둔 자신의 가족이 받을 고통을 너무 상세히 써서 눈물까지 흘렸다고 한다.

북한 현실과 소설의 70% 이상이 일치하여 너무나 놀라운 취재력에 감동받아 만나보고 싶었다고 했다.

나는 정말 궁금한 몇 가지 질문을 했다.

그는 김정일의 스승이다. 김일성대학 총장 시절 직접 가르친 분이다. 별일만 없다면 북한에서 최고위층까지 올라갈 수도 있었다. 아니, 이미 최고위층 인사며 남한으로 탈출한 북한 인사 중 아직까지도 최고위층으로 분류된다.

이미 그는 김일성대학 총장 14년, 최고인민회의 의장(대한민국 국회의장과 같은 직책) 11년을 역임한 바 있다. 무엇이 아쉬워 목숨 걸고 남한으로 탈출했는가?

그의 고백은 다음과 같다.

"김일성이 죽고 김정일이 후계자가 되었지요. 난 북한이 살아남기 위해서는 중국식 공산주의가 필요하다고 생각했습니다. 1인 독재체제는 결코 용납되지 않았지요. 집단체제 그리고 개방정책, 소련이 왜 붕괴되었을까? 중국 경제가 왜 급속히 발전하고 있는가? 이걸 알면 살 길이 보이지요. 그래서 개방정책까지 함께 실행에 옮길 생각이었습니다. 이게 김정일에게 밉보인 계기가 되었습니다. 생명에 위협을 느끼기도 했고. 통일을 위해서는 한국이 북한을 정확히 알아야겠다는 생각에 망명을 결심한 겁니다. 나는 한국으로 와서 많은 일을 하고 싶었습니다. 그러나 지금은 내 마음대로 할 수 있는 게 없습니다. 그저 책이나 읽고 쓰고 하는 일밖에는…… 그러다 작가님 책을 알게 되었습니다. 신문광고를 통해서였지요. 그래서 만나보고 싶어 연락드린 겁니다."

그렇다. 지금 그는 마음대로 활동할 수 없게 되었다. 대선에서 승리한 김대중 정권은 햇볕정책으로 북한을 개방 세계로 유도하려 했고, 따라서 북한에 대한 지원 그리고 협력을 구하자는 정책을 세웠다. 이판에 굳이 북한을 건드릴 이유가 없다. 라는 생각에 황장엽 활동을 자제시킨 것이다.

"저는 솔직히 햇볕정책이 성공하기 힘들 거로 봅니다."

이제 내 의견을 말할 차례다.

"북한 권력은 이미 김정일 체제로 넘어 갔습니다. 아무리 햇볕정

책을 쓴다고 해도 우리는 돈만 쓸 뿐 얻을 건 없다고 생각한 거죠. 김정일은 북한이 개방되면 자신의 위치가 위협받을 거라고 믿고 있을 겁니다. 그동안 북한은 계속 폐쇄정책을 썼거든요. 외부정세가 알려지면 자신에게 불리하고, 자칫 구소련처럼 될지도 모른다는 압박감을 가질 겁니다. 물론 햇볕정책도 일리는 있지만. 김정일 생각은 절대 개방은 불가이니 아무리 돈을 퍼주어도 그들은 그들 갈 길을 갈 겁니다. 그러니 실패할 수밖에요."

그는 묵묵히 듣고만 있었다. 그리고 잠시 후 입을 열었다.

"내가 김정일에게 원했던 게 그거였습니다. 인민이 살아야 나라도 산다. 하지만 거절당하고 보복당할 지경에 이르렀지요. 북한은 점점 더 고립되고 경제적으로 힘들어질 겁니다."

그리고 그 후, 나는 그를 자주 만났다. 이 불행한 학자와의 대화는 늘 많은 것을 알게 했다.

처음 만나던 날 그는 내게 나이를 물었다.

"정 선생은 올해 몇이지요?"

"네 이제 환갑입니다."

"아이구, 아직 젊으시네요. 내 한 가지만 말씀드리겠습니다. 젊으실 때 공부 많이 하세요. 눈 어두워지고 몸 가누기 힘들면 공부 못 합니다."

공부, 언젠가 무조건 공부 열심히 하라. 그것이 애국하는 길이다. 라고 충고해 주신 이범석 장군이 기억에 떠오른다.

환갑이 된 나를 젊다고 하는 황장엽 선생의 충고와 하나 다를 바 없었다.

정훈택 목사님도 내게 공부 많이 하라는 말씀을 남기셨다. 그리고 지금 나는 친구의 자식이나 후배들을 보면 역시 공부 많이 하라고 충고한다. 공부는 할 수 있을 때 해야 한다. 그 시기를 놓치면 공부하기 참 힘들어진다.

헤어질 때 황장엽 선생은 자신의 저서 5권을 서명하여 건네주었다.

『민주주의와 공산주의』『인생관』『세계관』『인간중심 철학』『인간중심 철학의 몇 가지 문제』 등이다. 시간 내서 정독하리라 마음먹고 헤어졌다.

꽤 오랜 세월 친분을 맺어왔다. 가끔 외로우실 때면 늦은 밤이나 새벽에 전화를 걸어 시름을 달랬고, 바쁜 일이 있어 들리지 못하면 안부전화를 걸어오셨다.

어느 날 연락이 왔다. 점심이나 같이하자는 것인데 알고 보니 이 날 그동안 그의 경호를 맡았던 안기부가 경찰로 바뀌는 날이고 새로운 경호팀과 인사차 첫 식사를 하는 날이었다.

나는 경찰 경호팀에게 정말 잘 부탁드린다는 인사를 정중히 했다.

식사를 하시던 황장엽 씨가 젓가락을 놓더니.

"이 정도 음식이면 여긴 천국이지요. 북한에서야 특수층 아니면 누가 이런 음식 먹을 수 있겠습니까?"

하며 쓸쓸한 표정을 짓는다. 수없이 굶어 죽어가는 북한 주민들이 눈에 어른대는 것 같아 보였다.

그러던 어느 시점에서 연락이 끊겼다. 전화도 오지 않고 연락해도 받지 않는다.

그렇게 2년 가까이 궁금증을 낳게 한 뒤에야 겨우겨우 연락이 닿았다. 그 사이 강남 모처로 사무실을 옮겼고, 겨우 연락이 닿은 것이다.

나는 새로 옮긴 사무실로 찾아갔다.

언제나처럼 안부를 묻고 앞으로 할 일이 있다며 조용한 시간에 연락할 테니 다시 만나자고 한다. 그런데 이상했다. 평소 같으면 한두 시간 대화를 나누어도 거뜬하시던 분이 이날은 피곤하다며 30여 분 만에 자리에서 일어난다.

"오늘은 좀 피곤해서 먼저 일어나야 하겠습니다. 다시 꼭 만납시다. 모처럼 오셨으니 기념사진이나 같이 찍고 가시죠?"

뭔가 기분이 이상하다. 사진은 이미 대여섯 차례 찍었다. 그런데도 같이 사진을 찍고 싶어 하신다.

사진을 찍고, 악수를 청하고, 일어나 안채로 들어가신다.

그게 마지막이었다. 일주일이 지난 어느 날 저녁 뉴스에서 황장엽 씨 타계 소식이 전해져왔다.

나는 놀란 마음으로 장지를 찾아갔다. 믿어지지 않았다. 불과 일주일 전 얼굴 마주하고, 대화 나누고, 사진 찍고 그리고 비보를 들은 것이다.

사람들은 한때 암살당한 게 아닌가? 의심했다. 하지만 내가 마지막 만난 날 건강이 지극히 나빴던 점을 생각하면 절대 암살은 아니다.

경호실 사람들이나 황장엽 씨를 모시던 분들은 아마 김정일이 김정은을 후계자로 발표한 것에 충격을 입은 것이 분명하며 그 충격으로 사망한 것이 분명하다고 했다.

나는 장례식 날 참석하지 않았다. 대전국립묘지에 안장했는데 삼우제에 측근들이 따로 찾아갈 것이니 그때 가자는 의견에 동의했기 때문이다.

그리고 삼우제 날 측근 소수 일행과 대전국립묘지로 향했다. 불행했던 이분 앞에서 많은 눈물을 흘렸다. 비극적인 죽음 그리고 조국의 비극이 한꺼번에 몰려와 나를 슬프게 했던 것이다.

홍차를 좋아했던 분 특히 찾아가 뵈올 때마다 홍차 Lipton을 한 봉투 사 가면 그리 좋아하시던 이 불행한 분……

'고이 잠드소서. 이제 눈물 없는 세상에서 편히 쉬소서!'

『황장엽을 암살하라』 이 책 1편 앞부분을 읽어 보면 김정일이 ICBM 즉 대륙 간 탄도 미사일 개발에 성공하고 축하 잔을 기울이는 장면이 나온다. 독자들과 이 방면 전문가들은 처음엔 북한이 무슨 대륙 간 탄도 미사일을 만드느냐며 상상이 지나치다 했지만 지금 어떤 일이 벌어지고 있는가? 모든 세계가 다 알고 있지 않은가?

정건섭

북에서 온 사람들❷

김현희 KAL 폭파범

극적 만남

나는 어떻게 해서 대한민국에 태어나게 되었을까? 어떤 이유로 문학을 좋아해 끝내 작가가 되었을까? 왜 하필 그녀의 사건을 소설로 쓰자고 결심했을까?

그녀는 그 많은 나라를 두고 왜 하필 북한에서 태어나게 되었을까? 왜 하필 북한에서 태어나 테러리스트가 되었을까? 그렇게 서로 다른 체제에서 태어나 아무 인연 없었을 그녀와 나는 어떻게 만나게 되었을까?

이건 그저 운명일 따름이다. 그렇지 않고서야 어찌 만나 남북한 이야기를 나눌 수 있단 말인가? 우리를 만나게 한 건 운명이다.

테러의 명령을 받은 자와, 북한에 대해 관심이 많아 북한에 대해 적지 않은 연구와 공부를 한 나와의 운명이다. 우연은 필연의 결과란 말이 있다.

그러니까 다시 말하면 김현희와 내가 만난 건 필연이 만든 우연의 운명이다.

다들 알겠지만 KAL 858기 폭파 사건의 개요는 간단히 말하면 다음과 같다.

이라크 바그다드에서 서울을 행해 날아가던 대한항공 소속 KAL 858 여객기가 미얀마(당시 버마) 상공에서 교신이 두절되었고 이어 폭파되었다는 비보가 날아온다.

승객 115명은 전원 사망했으며 아직 항공기 잔해나 증거가 될 만한 것은 발견되지 않았다.

그러나 조사가 계속되고 국제 공조가 이루어지면서 마침내 테러에 의한 폭파라는 것이 밝혀진다. 승객 중에는 일본 여권의 소유자 두 명이 있었는데 '하치야 신이치'와 '하치야 마유미'가 그들이다. 그들의 여권이 위조라는 것이 밝혀지고 이들이 시한 폭발물을 항공기에 내려놓고 바레인에서 내린 것이다.

바레인에서 제3국으로 출국하려던 이 둘은 바레인 경찰에 극적으로 체포되고 72세의 '하치야 신이치'는 극약을 먹고 자살하고 마유미 즉 김현희는 체포되어 한국으로 압송되었다.

마유미에서 김현희로 밝혀진 그녀는 '김현희' '마유미' "언니 미안해"로 세간을 들끓게 했다. 어떻게 그녀는 사형되지 않았나? 왜 처벌받지 않았나?

앞서 말한 바와 같이 우리나라는 특히 북한 문제에는 말이 많아진다. 이때도 그랬다. 노태우와 김영삼, 김대중 3파전으로 갈려 치열한 대통령 선거전이 전개되고 있었다. 이 판국에 북에 의한 항공기 테러가 벌어졌으니 이건 집권당의 '북풍 공작'이며 '김현희'가 가짜라는 말이 떠돌기 시작했다. 홍콩 여자다. 아니다 부산 여자다.

아는 사람이 나타났다.

별 루머가 전국을 뒤흔들었다.

정부는 진실을 밝히기 위해서라도 철저한 조사가 필요했고, 김현희의 회유가 필요했으리라. 만일 재판에 붙여 사형시키면 루머를 잠재울 방법도 없거니와 국제 사회에 진실을 알릴 수도 없었을 것이다.

정확한 거야 일개 작가인 내가 알 수는 없지만 그녀를 사형시키지 않고 회유작전을 벌린 이유는 이 때문일 것이리라.

김현희 사건이 터지고 서울로 압송되어 마침내 그녀가 항공기 트랩에서 마스크를 쓴 채 내려오는 모습을 보게 되었고, 나는 이 사건을 소설로 쓰겠다며 자료들을 모으기 시작했다.

김현희와 나의 만남은 여기서 시작된다.

황장엽 선생을 만나게 된 동기도 소설 때문이고, 같은 이유에서다.

산더미 같은 보도자료를 들고 작은 호텔로 들어갔다. 최소 두 달은 걸릴 것이다. 창작은 아니지만 조심스럽고 치밀해야 한다. 이건 예민하기 짝이 없는 남북 간 첩보전이다.

이미 남북 간 첩보소설을 발표한 경력이 있어 다른 걱정은 없지만 이건 그래도 조심스럽다.

이때는 이미 김현희가 자신을 조사한 여수사요원에게 실토했다는 보도가 나온 직후다.

이것이 그 유명한 말 "언니 미안해!"다. 소설에 자신을 가진 건 이 말 때문이다.

강력한 테러와 스파이 훈련을 받은 북한의 김현희가 마침내 자유분방하게 자라고 원해서 얻은 직업 여수사관의 따듯한 보살핌과 사랑에 굴복한 것이다.

이 여수사관의 자유분방한 성장 과정과 어려서부터 테러리스트로 선발되어 엄청난 훈련을 받은 김현희. 과연 누가 강한 여자일까? 결국 이는 체제의 대결이며 북한이 모르는 북한의 결정적 결함이다. 수사관 언니의 승리다. 자유가 인간의 본능이란 것을 북은 모르고 있었다.

테마는 이것이다. 신문에 보도되지 않은 작가의 시선이다.

그리고 소설은 그렇게 시작되었다.

그런데 이 사실이 동아일보에 작게 보도되었다. '정건섭 작가가 김현희를 테마로 소설을 쓰고 있다'라는 내용의 보도다. 이것이 커져 버렸다.

일본 아사히신문사, 도쿄방송국, 후지TV에서 인터뷰 차 찾아왔고 유수 출판사들이 일본 판권을 얻기 위해 경쟁하듯 찾아왔다. 일본이 출판 건을 위해 경쟁하듯, 한국에서는 영화로 만들기 위해 그렇게 경쟁하고 있었다. MBC에서는 후에 〈모래시계〉를 만들었던 김종학 PD가 드라마 욕심을 냈고, 〈사의 찬미〉를 만든 김호선 감독을 비롯한 많은 영화사들이 찾아왔다. 나는 우선 일본의 저명한 출판사 광문사(光文社)와 출판 계약을 맺었고, 영화는 〈만다라〉를 제작한 화천공사와 계약을 맺었다. 국내 출판사는 작지만 나와 인연이 있던 출판사를 택했다. 이 문제로 한동안 전국이 떠들썩했다.

이렇게 『마유미 최후의 증언』이란 제목으로 책이 출판되었다. (뒤에 신상옥, 최은희 편에서 자세한 이야기가 나오겠지만 영화는 정부시책에 따라 북한을 탈출하여 미국에 체류 중인 신상옥 감독이 만들게 되었다.)

앞에서 나는 우연과 필연을 말한 바 있다.

지금 너무 오래된 일이라 확실한 기억은 없지만 책을 출판한 후 안기부 쪽에 김현희 면담을 신청했다. 워낙 엄중한 보호를 하던 시기라 불가능해 보였지만 그래도 시도는 하고 싶었고, 또 딱히 안기부 쪽에서 거절할 이유가 없어 보였다.

그런데 우연히도 연결고리가 생겼다. 김현희를 보호하고 있는 안기부 요원과 내 문단 후배며 아주 가깝게 지내던 노수민이라는 여류 후배 작가가 김현희 경호요원과 너무나 친밀한 사이였다. (노수민은 후에 김현희 회고록 집필을 도와준다.)

김현희와의 만남은 일사천리로 진행되었다. 정말 우연과 필연이 겹쳐진 사건이다.

김현희. 115명의 생명을 희생시킨 희대의 테러리스트. 그러나 그녀는 진실을 밝힘으로써 참회를 대신했고, 국민들은 마음속으로 그녀를 용서해 주었다. 물론 유가족을 비롯한 일부는 아직도 용서하지 않고 있겠지만 지금 그녀의 죄를 질책하거나 죄의 책임을 묻는 사람은 없다.

범죄의 자백으로 국민적 용서를 받은 셈이다. 하지만 당시는 달랐다. 북한의 암살 위험도 있고 위해를 끼칠 수 있는 여지가 많아 엄격한 통제 속에서 살아오고 있었다.

그녀는 하이야트 호텔 근처 안가(安家, 안전 가옥)에 머물고 있었는데 그 근처 작은 카페를 전세 내어 나와의 만남을 준비하고 있었다.

이렇게 김현희와의 만남은 극적으로 이루어졌다.

카페에 도착했을 때는 이미 경호요원과 김현희 그리고 후배 작가가 기다리고 있었다.

"작가님 만나서 반갑습니다. 작가님 책은 잘 읽었습니다."

김현희가 손을 내밀었고 나는 그녀가 청하는 악수를 받았다.

'아!'

나는 속으로 짧은 비명을 질렀다. 김현희가 잡는 손, 그 손은 크고 우람했다. 손아귀 힘이 온몸으로 느껴진다. 보통 볼 수 있는 그런 보드라운 여성의 손이 아니다.

악수하는 첫 순간 이 여인은 틀림없이 많은 군사훈련을 한 그런 손을 가지고 있었음을 느낄 수 있었다.

'틀렸어.' 홍콩 여자니, 부산 여자니, 그런 루머가 얼마나 황당한 말인지를 내 손의 느낌이 말해주고 있었다.

"저도 뵙고 싶었습니다. 오늘 자리가 편했으면 좋겠습니다. 허물없이요."

"쓰신 책을 읽어서인지 낯설지가 않습니다."

웃으며 진심으로 반긴다. 아마 체포되어 수사받고 여기까지 오는 동안 이렇게 홀가분하게 외부 남자와 자리를 함께하는 건 이번이 처음이리라. 더구나 자신의 이야기를 글로 써주고, 자백을 옹호한 작가를 만났으니 적지 않게 반가웠을 것이다.

그녀가 아직 한국을 잘 모르듯, 나 역시 공부는 했다고 하지만 북한에 대해 모르는 것이 많다. 지금처럼 정보가 공개되는 시절이 아니기 때문이다.

"대한민국에 와서 제일 놀란 것은 국민이 대통령과 정부를 거침없이 비난하고 욕하는 것이었습니다. 북한에서는 상상할 수도 없는 일이지요. 그리고 정부 허락도 없이 작가님처럼 자유롭게 글을 쓸 수 있다는 거였습니다. 아! 이게 자유구나 하고요!"

"예 맞습니다. 물론 국가 이익을 위해 일부 자유가 유보되는 것도 있습니다만 이렇게 자유가 보장되는 것이 민주국가의 힘이죠. 그리고 잘하셨습니다. 비밀을 감추고 세상을 끝냈다면 이런 테러는 계속 발생할 겁니다."

"하지만 유족들에 대한 죄송함은 이루 말할 수 없습니다."

그녀의 눈은 하늘 쪽을 향하고 있었다.

"모두 운명이지요. 운명! 죄송함을 잊지만 않으시면 됩니다."

많은 이야기가 오갔다. 내 소설이 사실과 다른 점이 많았다고 했다. 그럴 수밖에. 오직 보도에 의존하여 쓴 글이기 때문이다. 하지만 목적은 보도를 옮기는 것이 아니었다. 작가로서의 내 시각을 말하는 데 있었다.

"난 수사관 언니와 김현희 씨를 비교하고 싶었습니다. 대한민국에서 자유롭게 자란 수사관 언니와 어려서 발탁되어 숱한 훈련을 한 김현희 씨의 사상, 이념의 대결에 초점을 맞춘 겁니다. 정부와 대통령을 비판할 수 있는 체제와 절대 권력에 대해 비판할 수 없는 체제의 대결 말입니다. 결국 인간이 가지고 있는 가장 소중한 가치 즉 자유에 김현희 씨는 머리를 숙인 겁니다. 그래서 잘하셨다는 겁니다. 거기엔 '인간 회복'이 있었으니까요. 그래서 뵙고 싶었고요."

대화를 끝내고, 맥주를 마시고. 그리고 마이크를 잡고 그녀는 한국 유행가를 불렀다. 마치 슬픔을 털어 내듯 열창했고, 나도 나서서 함께 마이크 잡고 노래를 불러 위로해 주었다.

앞으로 그녀는 대한민국에서 조용히 그리고 평화롭게 나머지 생애를 마칠 것이다.

하지만 황장엽 선생처럼 어찌 불행하게 될 가족들 생각이 나지 않겠는가?

김현희는 어찌 유족에 대한 멍에를 벗을 수 있겠는가? 가족에 대한 슬픔이 왜 없겠는가?

그분들에게는 너무나 가혹한 운명이다. 그저 황장엽 씨에 대한 명복과 김현희 씨의 앞길에 행복만이 있기를 지금도 기원할 따름이다.

내 영혼과
추억 속의
사람들

김지미

배혜경

신상옥 · 최은희

짧은 만남 긴 여운❶

김지미 영화배우, **배혜경** 무용가

언젠가 중앙일보에서 『한국을 움직이는 사람들』이라는 책을 펴낸 일이 있었다. 각 분야에서 한국을 대표하는 인물들을 소개하는 책자다.

그 책자에서 내 이름을 찾아보면 작가로서의 경력보다 영화 이야기가 먼저 나온다. 영광회(映狂會, 영화에 미친 사람들 모임) 창립자로 나오고 이어서 저서, 경력이 소개된다.

나는 이를 이의 없이 받아들였다. 내 생애 절반 정도는 영화에 또 절반 이상은 문학에 바쳤기 때문이다. 영화에 미친 사람들 모임인 영광회까지 만들 정도였으니 중앙일보 소개에 섭섭함이 있을 리 없다. (영광회는 뒤에 소개된다.)

그렇게 영화를 좋아했다. 내가 소설가가 된 원동력도 영화가 밑받침되었을 거라 믿는 나이기 때문이다. 게다가 학창 시절 부친께서 충주에 영화관을 차려 영화를 누구보다 손쉽게 접할 수 있었다. 영화를 통해 나는 무한한 상상력을 키울 수 있었다.

한국영화 외국영화를 평생 구별 없이 좋아해 보았고, 세계적인 배우, 감독 이름을 줄줄이 외우고 있었다.

한국 배우로는 당연 김지미, 최은희, 후에 엄앵란 그리고 최무룡, 김진규, 신성일, 신영균 등 스타들의 절대적인 팬이었다. 외국 배우로는 존 웨인, 로버트 테일러, 데보라 카, 찰톤 헤스톤, 버트 랑카스타 그리고 프랑스의 알랭 들롱, 장 카방, 장 볼 벨몬드, 까뜨린느 드네브, 독일의 쿨트 율겐스, 이탈리아의 소피아 로렌 등을 어릴 적부터 좋아했다. 그리고 누구보다 〈로마의 휴일〉의 오드리 헵번을 좋아했다.

내가 어쩌다 노래방을 가면 정원의 〈허무한 마음〉외에 최무룡의 〈꿈은 사라지고〉와 〈외나무 다리〉를 좋아한 것도 최무룡 노래이기 때문이다.

초등학고 6학년 시절, 처음 서울을 구경하게 되었다. 당시 창경원에서 건국 이래 최초의 박람회가 열렸는데 졸업 수학여행으로 이 박람회를 가게 된 것이다. 그리고 더 오랜 세월이 흘러 1962년 다시 서울을 가게 되었다.

서울서 자리잡은, 먼저 시집간 누님의 초대였다. 언젠가 소개한 소설로 《여원》에 당선됐던 그 누님이며 매형은 노동부 차관과 국회의원을 역임한 분이다.

어려운 시절이지만 매형은 사업체를 잘 꾸려가 살만한 집이이서 부담없이 서울 구경에 나섰다. 누님은 매일 용돈을 주었다. 지금 돈으로 환산하면 5만 원권 한 장은 되었을 것이다. 이 돈으로 청계천 헌책방을 헤집으며 마음에 드는 책을 구입하고 또 신문 광고에서만 보았던 단성사, 피카디리, 스카라, 명보극장, 국도극장, 국제극장을 찾아다니며 영화를 보러 다녔다.

영화! 영화가 없었다면 나는 무슨 재미로 살았을까? 그런데 만일 영화가 없었다면 세상에 태어나지도 않았을 사람이 있다.

김지미. 아시아의 진주라 불리던 배우. 그녀는 분명히 영화가 없었다면 세상에 태어나지도 않았을 것이다.

영화를 위해 태어난 배우 김지미. 그녀와의 만남은 내게는 정말 기적 같은 일이고 행복한 순간이었다.

"정 선배! 저예요! 잘 계셨죠?"

"어? 웬 일이야? 서울 왔어?"

"아뇨? 부산이에요. 이번에 대전 오실 거죠?"

"글쎄 얼굴이라도 비쳐야 하지 않겠어?"

"무조건 오세요. 저녁엔 시간 비워 놓고요. 꼭 소개해 드릴 분이 있거든요."

대전에서 한국예술총연합회 요약해서 부르는 〈예총〉 행사가 있다. 여기에 꼭 참석해 달라는 한 후배의 부탁이다.

후배. 부산 여걸이다. 부산예총 회장이며 한국예총 부회장이다.

연예인 뺨치는 미모에 성격도 서글서글한데다 외국이라도 다녀오면 선물을 잊지 않고 사온다. 무용을 하는 무척 따르는 후배 '배혜경'이다.

김지미 씨, 배해경 씨와 함께 찍은 사진을 보는 사람들은 배해경 후배에게 더 관심을 갖는다.

"이분은 누구예요? 정말 미인이고 멋쟁이네요!"

사진보다 훨씬 미인인 후배다.

김지미, 배혜경과 함께

"소개? 누군데?"

"보시면 알 거예요. 깜짝 놀랄 분이죠. 그분도 선배님 잘 알고 계세요. 제가 언니라 부르거든요."

누굴까? 누구기에 이렇게 호들갑을 떨까? 하지만 절대 허튼소리는 아니다.

그렇게 대전을 내려갔고 행사에 참석했다.

행사가 끝난 후 나는 이 후배에게 이끌려 어느 나이트클럽으로 갔다. 아직 이른 저녁이라 그런지 비교적 조용했다. 한 테이블 앞에서 후배가 멈추어 선다.

"어머! 언니 많이 기다렸어요?"

"아냐? 나도 방금 왔어."

"어!"

나는 놀라 토끼 눈으로 앉아있는 여인을 바라보았다. 김지미 씨다. 영화와 영화 포스터, 그리고 극장 간판에서만 보아왔던 바로 그

대스타 김지미 씨다.

그녀가 자리에서 일어나 반가이 맞아 준다.

"오시느라 고생 많으셨죠? 앉으세요."

방송국에서 혹은 사석에서 수없는 배우들을 만나 보았다. 그래도 한 번도 떨어 본 일이 없다. 그런데 김지미 씨 앞에서는 숨이 막혀 말도 잘 나오지 않는다. 뜻밖의 자리이기도 하지만 바로 옆자리의 여인은 김지미 씨 아닌가? 어려서부터 팬이었던 대배우!

"한잔 하세요. TV에서 뵌 것보다 훨씬 이국적이시네요! 혜경이가 하도 자랑해서 꼭 모시고 오라 했죠."

"정말 반갑습니다. 대한민국 남자치고 김지미 씨 팬 아닌 사람 어디 있나요? 저 지금 꿈꾸고 있는 거 아니죠?"

"와…… 천하의 정 선배가 이렇게 떠는 거 첨 봐요. 호호호."

맥주잔이 오가고 비로소 나도 조금 긴장이 풀렸다.

"사실 전 책과 영화라면 사족을 못 썼죠. 그런데다 부친께서 충주에 작은 영화관을 차려 운영하셨고요. 그보다 먼저 영화를 보기 시작했지만…… 한국영화 역사 꿰뚫고 있습니다."

"어머 영화 정말 좋아하셨나 봐요?"

"한국영화와 영화 역사를 몰랐다면 제가 왜 떨겠습니까? 하하하. 전 어릴 적 김지미 씨의 데뷔작 〈황혼열차〉를 16mm 흑백영화로 보았지요."

1957년 18세에 최고의 감독 김기영 씨에게 발탁되어 〈황혼열차〉라는 영화로 데뷔. 이후 홍성기 감독과의 결혼. 다시 최무룡과 나훈아와의 결혼과 실패. 모두 꿰차고 있었지만 상처되는 말은 하지 않았다.

1957년 그러니까 내가 괴산군 청안면으로 강제 전학 가던 해가 된다. 당시 나는 15살이었고 김지미 씨는 18살 되던 해니 나보다 세 살 연상이다.

"참 그리고 보니 김지미 씨 실물 보는 게 오늘이 두 번째 네요?"

"네? 언제 절 뵌 적 있으셨나요?"

"그럼요! 하하하. 1962년이었죠!"

"?"

눈이 똥그레진다. 1962년이라면 김지미 씨가 23살 되던 시기 아닌가?

내가 20세 되던 해이니까.

"1962년 제가 충주 있을 때였지요. 고등학교 졸업을 앞둔 마지막 겨울방학 때 서울 사시던 누님께서 놀러오라 해서 와 있었습니다. 하루는 시청 앞을 지나는데 사람들이 잔뜩 모여 있는 거예요. 뭔가? 하고 사람 틈을 비집고 들여다봤더니 영화 촬영을 하는데 시골 낡은 촌뜨기 한복을 입은 김지미 씨가 작은 보따리를 들고 서 있는 게 보이지 뭡니까?"

'아! 이런 횡재가……'

진짜 촌뜨기인 내가 촬영 현장을 운 좋게 볼 수 있었던 겁니다. 겨울인데 추운 줄도 모르고 넋빠지게 보았지요. 하하하. 그리고 오늘 이렇게 뵙게 된 겁니다."

"어머! 아는 척 좀 하시지 그랬어요? 호호호."

"아이고……그랬다가 스텝들한테 얻어터지게요?"

비로소 화기애애한 분위기가 되었다. 배혜경 후배는 웃거나 떠들거나 상관없이 무대 위 무명 가수의 노래 듣느라 정신이 없다.

나는 누구 앞에서 별로 떨어 본 일이 없다.

그리 존경하던 박태준 전 총리를 처음 뵈었을 때도 예의는 깍듯이 지켰지만 떨지는 않았다. KBS에 게스트로 초대되어 난생처음 방송할 때도 상대 아나운서가 신은경(박성범 씨 부인) 씨와 당시 최고 베테랑 아나운서 이창호 씨였지만 그때도 하나도 떨지 않았다.

심지어 선경그룹(현 SK) 과장 시절, 과장 회의란 것이 있었는데 이때 회장(당시 최종현 회장)에게도 할 말 다해 주위를 당황하게 만든 경력도 있다. (이 이야기는 다음 손길승 명예회장 추억담에서.)

어려서 만난 이범석 장군 외에 나를 떨게 한 사람은 없었다.

이렇게 대담한 내가 성장한 후 처음 사람 앞에서 떨어 본 기억이 있다. 바로 이날 김지미 씨 앞에서다.

한국 영화사에 길이 남을 스타가 한둘이 아니다.

스크린을 휘어잡던 '김지미/최무룡' '최은희/김진규, 신영균' '신성일/엄앵란' 콤비는 그야말로 대한민국 영화사에 길이 빛날 스타들이다. 하지만 최고 중 최고 스타를 꼽으라면 나는 당연히 '김지미' 씨를 꼽을 것이다.

그녀는 영화를 위해 태어났고, 영화는 그녀 때문에 빛났다.

짧은 만남, 긴 여운의 스타 김지미. 그 후 다시 만날 기회가 몇 번 있었지만 만나지 않았다. 한 번의 추억으로 나는 만족했기 때문이다.

그리고 지금까지 소중한 추억으로 간직하고 있고 딱 한 장 뿐인 이 사진을 보물처럼 간직하고 있다.

많은 세월이 흘러 이제는 얼굴에 주름이 가득한 나이들이 되었지만, 나에게 김지미 씨는 시골 한복에 보따리를 든 20대 중반의 그리고 다시 만난 여전히 빛나는 스타 김지미로 남아있다.

가수 나훈아 씨와 헤어진 후 대전에서 생활하던 시절이다. 힘들고 어려웠던 시기다. 그런데 시청 앞 촬영장에서 처음 얼굴을 보았을 때는 신상옥, 최은희의 〈성춘향〉 영화에 밀려 김지미, 홍성기 감독의 〈춘향전〉이 참패당한 바로 뒤였다. 두 번 보았는데 그때마다 어려움을 겪고 있을 때였다. 그럴 일 없겠지만 또 힘든 일 생기면 찾아가야지. 따듯한 위로라도 한마디 해줘야지. 김지미 씨는 영원한 내 스타이니까?

부디 나머지 생애 건강하게 보내시기를 기원하며……!

그런데 배혜경 후배? 뭐하고 있는겨? 통 볼 수도 없고 연락도 없으니. 죽기 전에 그 멋진 얼굴이라도 한번 보자!

정건섭

짧은 만남 긴 여운❷

신상옥 · 최은희 영화인 부부

김지미의 첫 남편은 홍성기 감독이다. 김지미와 홍성기의 만남은 한국영화의 멜로 시대를 활짝 열게 했다.

〈청춘극장〉 〈비극은 없다〉 〈산 넘어 바다 건너〉 등 대히트를 치며 당대 라이벌이었던 신상옥, 최은희 부부의 명작들을 압도하고 있었다. 이러한 홍성기 감독을 벼랑으로 몰고 가 끝내 파멸시킨 계기가 된 사람이 신상옥, 최은희 부부다.

내용은 다음과 같다.

1961년 홍성기 감독은 최고 스타이며 아내인 김지미를 앞세워 〈춘향전〉을 제작 상영한다.

그런데 〈춘향전〉을 제작하게 된 이유가 있다. 신상옥 감독이 최은희를 앞세워 〈성춘향〉 제작을 발표했고 홍 감독은 뒤늦게 〈춘향전〉으로 맞불을 놓았던 것이다.

한 달(?) 내 기억으로는 홍성기 감독의 〈춘향전〉이 먼저 개봉되었고 이어 신상옥의 〈성춘향〉이 개봉되었다.

나는 처음부터 〈성춘향〉의 승리를 예감하고 있었다. 홍성기 감독이 캐스팅을 잘못한 것이다. '김지미' : '최은희'의 춘향 역 대결은 절대 서로 밀리지 않았다. 그 면에서는 난 오히려 김지미 편을 들었지만. 난 지금도 다른 배우들의 캐스팅은 왜 그랬나 싶을 정도였다.

신상옥 감독은 이몽룡 역에 김진규를, 방자 역에 허장강을, 향단 역에 도금봉을, 변사또 역에 이예춘(이덕화 부친)을 캐스팅했다. 배우들의 이미지와 성격은 잘 맞아 떨어졌다.

반면 홍성기 감독은 이몽룡 역에 공채로 뽑은 신인 신귀식을, 방자 역에 김동원(가수 김세환의 부친), 향단 역은 지금도 기억에 없다. 그리고 변사또 역에 최남현을 캐스팅했다. 배우들 면면을 보면 밀릴 것이 없어 보이지만 역할에서 모두 잘못된 캐스팅이었다.

두 영화의 대결은 홍성기 감독의 대참패로 끝났다. 그리고 김지미와의 갈등이 시작되었다. 너무나 엄청난 빚을 졌기 때문이다. 이 사건은 김지미, 홍성기의 이혼의 빌미가 되기도 했다. 반면 신상옥 감독은 엄청난 돈을 벌었고 본격적인 〈신필름〉 확장에 나서 두 명 감독의 명암을 엇갈리게 만들었다.

신 감독은 연이어 신영균, 최은희를 앞세운 대작 중 대작 〈연산군〉 〈속편 연산군〉을 1962년 발표하여 다시 한 번 최고 감독 반열에 올랐다.

1962년 같은 해에 임권택 감독도 〈두만강아 잘있거라〉로 데뷔, 크게 히트를 쳐 명장 반열에 오르는 기반을 다진다. 만주 벌판을 무대로 독립군 활약을 그린 영화인데 이 영화의 주인공 김석훈과 장동휘, 황해(전영록 부친)는 단숨에 스타 반열에 오른다.

이 두 영화는 1962년 구정 흥행 작품으로 대성공을 이루었고 신상옥, 임권택의 성공시대를 열게 되었다. 같은 무렵 대한극장에서 불후의 명작 70mm 대형 영화 〈벤허〉가 개봉되어 최장기 상영 기록을 남겼지만 한국영화도 밀리지 않고 대등한 게임을 벌려 나갔다. 그 중심에는 최은희, 신상옥의 신필름 영화사가 있었다.

두 부부의 작품 중 〈사랑방 손님과 어머니〉 〈상록수〉가 있었는데 두 영화 모두 예술 영화로 나의 심금을 울린 명작들이었다.

신상옥, 최은희 부부를 나는 힐튼호텔에서 기다리고 있었다.

이때가 1989년대 말쯤인데 이분들이 나를 만나고자 하는 데는 이유가 있었다.

마유미 영화 제작 때문이다. 그는 일본에서 번역되어 나온 내 소설과 국내에서 모은 자료를 모두 가지고 있었고 영화 제작에 필요한 조언을 듣고자 만나자고 했다.

당대의 스타이며 감독이었던 부부는 약속된 시간에 맞춰 나왔다. 아직도 긴장에서 풀리지 않은 듯 표정은 굳어있었지만 예의는 정중히 갖추었다. 굳어 있을 수밖에 없다.

1978년 최은희는 북한의 공작임도 모르고 홍콩을 찾아갔다.

영화 〈양귀비〉의 한국, 홍콩 합작 영화를 만들기 위해서였다. 그리고 홍콩에서 실종되었다.

신상옥 감독은 최은희를 찾기 위해 사방팔방 뛰었고 마침내 북한의 납치라는 사실을 알았다, 신상옥은 1983년 자진 입북했다.

영화에 온 정열을 쏟아 붓던 김정일은 북한 영화 발전을 위해 최은희를 납치한 것이다.

신상옥의 자진 월북은 다시 큰 파장을 일으켰다. 또 납치다, 아니다 자진 월북이다. 그러나 한국에서는 그 진실을 알 방법이 없었다.

그리고 이 부부는 북한에서 〈불가사리〉라는 공상과학영화, 헤이그에서 자결한 이준 열사의 역사를 그린 〈돌아오지 않는 밀사〉를 만들어 공산권에서 호평을 받았고 김정일의 두터운 신임을 받았다.

신상옥은 이 신뢰를 이용해 최은희와 오스트리아 빈에 있는 미국 대사관으로 도주, 북한 탈출에 성공하고, 미국으로 망명해 갔다.

그는 한국으로 오는 것이 두려웠다. 북한으로 간 것이 자진 월북인데다 북한 추종세력의 보복도 두려웠기 때문이다.

그러나 우리 정부 입장은 달랐다. 그가 최은희를 구출하기 위한 위장 월북이며 북한의 실상을 너무나 잘 아는 신 감독의 증언이 필요했기 때문이다.

"한국으로 데려와야 한다. 우리는 그가 왜 월북했는지를 잘 알고 있지 않은가? 무슨 방법이 없을까?"

이때 터진 것이 '마유미 대한항공 858기 폭파사건'이고 이를 영화화하기 위해 나와 영화사가 준비 중이라는 대대적인 보도였다.

'신상옥 감독 귀국 조건으로 이 영화 제작과 감독을 맡기자.'

정부는 정책적으로 김현희 사건 영화화를 신상옥 감독에게 맡겼고 나와 영화사는 손을 놓을 수밖에 없었다.

그리고 신 감독은 지금까지 준비해온 나에게 조언을 구하기 위해 만남을 요청한 것이다. 이 내용을 너무나 잘 알고 있는 나는 기꺼이 협조하기로 했다.

호텔 커피숍에서 커피를 마시며 서로 조심스럽게 대화가 시작되었다.

우리가 서로 굳어있던 것은 이런 이유 때문이었다.

김지미 씨와 처음 인사를 나눌 때는 조금은 설레기도 하고 흥분도 되고 반갑기도 했지만 이날 최은희, 신상옥 부부를 만날 때는 마음이 굳어질 수밖에 없었다. 그건 피차 마찬가지다.

찻잔을 내려놓고 신 감독이 먼저 입을 열었다.

"그동안 많이 준비하셨을 텐데 본의 아니게 제가 영화를 만들게 되었습니다."

"아닙니다. 아무튼 무사히 귀국하셔서 팬으로, 국민의 한 사람으로써 참 다행이라 생각합니다. 정말 고생 많으셨습니다. 전 정말 괜찮습니다. 또 전 영화인도 아니고 작가일 뿐인데 김현희 사건을 일본을 통해 세계로 그 진실을 알리게 된 것만으로도 전 참 다행이라 생각했으니까요."

이제 본격적으로 영화에 관한 대화가 시작되었다.

"제 글을 읽어 보셨겠지만 전 여수사관과 김현희의 대결 구도로 썼습니다. 단순히 범죄자와 수사관의 이야기가 아니라 두 사람을 통한 체제 우월성으로 해석하려 했던 겁니다. 그래서 두 사람의 성장 과정에 초점을 맞추었죠. 테러리스트가 된 김현희가 강한가 아니면 자유체제에서 자유분방하게 성장하며 자란 여수사관이 더 강한가 결국 '언니 미안해'라는 말로 김현희는 정신적 굴복을 하죠. 그건 자유체제가 얼마나 인간적인가를 보여준 대목입니다. 거기에 포인트를 준 겁니다. 그것을 통해 자유체제의 우월성을 보여주려 했습니다."

"네, 저도 그렇게 해석하고 읽었습니다. 하지만 전 사실 그대로를 그리고 싶습니다. 있는 그대로 보태지도 빼지도 않은 사건 그대로를 그리고 싶습니다."

'아……하. 감독님은 다큐멘터리식으로 만들고 싶어 하는구나. 북한의 경직된 실상을 누구보다 잘 알지 않은가? 북한에 대한 폭로……'

"네 이 영화에 대한 해석은 감독님 몫이니 제가 간여할 일은 아닌 것 같습니다. 그럼 배우로는 누구를……"

혹 기억나시는 분도 있을 것이다.

김현희 사건을 영화로 만들겠다고 했을 무렵 여러 신문에 '김현희 닮은 신인 배우'라며 김현희와 김서라(본명 김영림) 사진을 나란히 올려 비교한 사진이 자주 보도되었다. 항간에서는 정부 고위층 인사가 밀어주는 것 아니냐는 루머가 돌기도 했다. 다시 말하면 박철언 씨가 김서라를 밀어주고 있다는 황당한 루머였다.

하지만 아니다. 내가 KAL 폭파범 김현희를 영화로 만들기 위해 일찍 점찍어 놓은 신인 배우였다. 물론 신상옥 감독도 김서라에 대한 보도를 잘 알고 있었을 것이다.

그런데 신 감독 입에서 의외의 이름이 나왔다.

"네, 주연에 강수연 배우를 생각하고 있습니다."

당시 최고의 인기 배우며 연기파 스타다. 그리고 그녀는 단순한 스타만이 아니다. 이미 세계적으로 명성이 자자한 배우다.

그렇지만 나는 생각이 달랐다. 강수연은 아니다. 거기엔 그럴만한 이유가 있다. 그래서 그 많은 배우를 두고 김서라를 점찍은 것이다.

"그건 저와 생각이 좀 다른 것 같습니다. 제가 일찍 김서라를 염두에 둔 데는 그럴 이유가 있기 때문입니다. 순전히 닮았다는 이유만이 아닙니다."

"아…… 그러세요? 특별한 이유라도 있으신가요?"

"네 있습니다. 분명히 있습니다."

나는 신 감독이 옛날 일을 잊은 것 같다고 판단했다.

홍성기 감독과 〈춘향전〉을 두고 피 터지는 경쟁을 할 때 왜 홍 감독이 완패했는지를!

당시 홍성기 감독의 미스 캐스팅은 이미 앞에서 말한 바 있다.

서당의 훈장 같이 점잖은 외모에 말도 무게 있게 천천히 하는 최남현 씨를 탐욕에 찬 변사또로 캐스팅했다.

게다가 역시 점잖은 회사 사장이나 조용한 분위기의 김동원 씨를 방자로 선택했다.

지금 분들은 이 두 분을 잘 모르겠지만 최남현, 김동원 씨가 맡을 역할이 절대 아니었다.

그것이 홍 감독이 망한 이유다. 그런데 신 감독은 '심심한데 뽀뽀나 할까요?'라는 엄청난 유머 유행어를 만든 허장강 씨를 방자로, 일본 헌병 역 등 갑질이나 하는 악독한 사업가 역을 많이 한 이예춘 씨를 변사또로 뽑아 흥행몰이에 성공한 예가 있다.

같은 맥락이다.

나는 다음과 같이 설명했다

"감독님, 강수연은 이미 월드 스타급입니다. 모르는 사람이 없죠. 커리어나 명성으로 볼 때 김서라는 강수연과 절대 비교 불가입니다. 김서라는 무명 신인입니다. 그렇지만 전 그게 강점이라 생각했습니다. 김현희가 체포되어 마스크 쓰고 비행기 트랩에서 내릴 때부터, 또 마스크 벗고 국민들 앞에 섰을 때, 그녀는 온 국민에게 충격을 주었지요. 한참 젊은 시절의 테러리스트 그리고 그녀가 주는 아름다운 외모의 또 다른 충격, 분명 김현희는 전 국민의 호기심과 관심의 대상이었지요. 모든 국민이 이 얼굴을 처음 보았고 호기심과 관심, 측은한 마음으로 그녀를 지켜보았습니다. 그런데 제가 비슷한 외모에 국민이 처음 보는 신인 배우 김서라를 김현희 역으로 홍보했지요. 비록 연기력이 떨어지고 이름은 없어도 김현희 닮은 신인 배우, 국민이 처음 보는 배우, 이런 신선감을 활용한 겁니다. 이런 면에서 강수연은 김서라에 비해 신선감 신비감에서 모두 떨어집니다."

"……"

"각 신문사 연예부 베테랑 기자들도 이에 호응해주었습니다. 처음 보는 김현희. 처음 보는 김서라. 딱 맞아 떨어진 겁니다. 연일 김현희 닮은 신인배우 김서라와 김현희 사진이 비교되며 게제되었으니까요. 전 그때 일간스포츠 방영훈 기자가 좋은 아이디어라며 이를 주도해준 것에 고마워했지요. 제 아이디어를 높이 평가해준 겁니다."

신 감독이 머리를 천천히 끄덕인다.

"감독님께서 예전에 안양예술학교를 설립하셨죠?"

"네, 그렇습니다."

"김서라는 거기 출신입니다. 안양예고를 졸업하고 중앙대 연극영화과 3학년입니다. 전 처음 감독님 밑에서 감독 수업을 한 이장호 감독과 손잡고 만들고 싶었습니다. 모두 감독님과 인연이 있는 배우고 감독이었죠. 이장호 감독은 이제 한국 영화의 대들보입니다. 개인적인 친분도 두텁고요."

"영화에 대해 참 많이 아십니다. 이해도도 높고요…… 네! 김현희 역 배우는 다시 고려해 보겠습니다."

"감사합니다. 두 분도 제게는 대단한 팬이었지요. 〈사랑방 손님과 어머니〉를 보고 잠을 설칠 정도였으니까요. 하하하."

"아…… 그러셨군요. 감사합니다."

최은희 씨는 옆에서 별말 없이 듣고만 있었다. 그리고 사진 한 장 찍지 못하고 헤어졌다.

헤어지면서 부탁 한가지를 했다.

"시사회에는 초대하지 않으셔도 됩니다. 개봉 후 영화관에서 혼자 조용히 보고 싶습니다. 전 원래 영화는 혼자 봅니다. 조용히 감상하죠. 성공하시기 빌겠습니다."

그리고 얼마 후 제작 발표회 때는 초대받아 갔지만 시사회에는 가지 않았다. 그리고 영화 개봉 후 영화관에서 혼자 조용히 그러나 꼼꼼히 살피며 감상했다. 스케일은 컸지만 다큐멘터리식으로 만들어 영화 자체로서의 평가라면 나는 실패작이라 생각했다.

김서라의 연기도 그리 마음에 차지는 않았다. 어쩔 수 없는 신인이다.

마음이 좀 무거웠다. 이장호 감독이나 김종학 PD와 만들었다면 다른 영화가 나왔을 것이다.

그리고 더 세월이 흐른 뒤 신 감독의 타계 소식이 들려왔다.

대배우 최무룡 씨가 타계했다는 소식을 들었을 때와 같았던 아프던 마음처럼 아팠었다.

내 영혼과 추억 속의 사람들

영광회 시절

즐거웠던 영광회 시절의 사람들

안정효 소설가 **정종화** 영화연구가

이세룡 영화감독 **정건섭** 소설가

사람들이 만나 공통분모 점을 가지고 있고, 같이 흥미로워하면 그보다 더 즐거운 만남은 없을 것이다. 영광회도 마찬가지다. 만나면 영화 얘기로 꽃을 피웠고, 모르던 정보를 공유할 수 있어 밤샘도 부족할 것 같았다.

영광회 모임이 그랬다. 영화 이야기로 시간 가는 줄 몰랐다. 너무나 행복한 시간들이었다.

이 중심에 정종화라는 분이 있었다. 한국에서 가장 많은 영화 자료를 가지고 있었고, 가장 많은 영화 뒷이야기를 알고 있었다. 우리가 태어나기 전부터의 영화 포스터 그리고 영화배우, 감독까지 모두 꿰차고 있는 그야말로 영화 도서관인 영화광 팬이다.

언젠가 EBS 교육방송에서 주말마다 엄선된 한국 명화를 한 편씩 상영해주었는데 이때 영화에 대한 선정과 해설을 한 분이 정종화 씨다.

내가 한 후배의 소개로 정종화 씨를 만났다. 한참 연재소설을 쓰던 무렵이었는데 후배가 재미있는 분 소개해주겠다며 "아마 형님보다 영화에 대해 더 박식할 거라"고 했다.

그렇게 만난 첫날부터 무려 5시간을 영화 애기로 꽃을 피웠다.

그는 이미 안정효 작가와 또 다른 몇몇이 가끔 만나 만난 음식도 먹고 영화 애기로 즐거운 시간을 보내고 있다며 같이 한번 합석하자고 했고 난 물론 기꺼이 승낙했다.

여기 모인 분들이 정종화 영화연구가, 안정효 작가, 〈영원한 제국〉과 〈꽃잎〉 등을 기획 제작한 박건섭 씨(안정효는 이름이 같아 쌍건섭이라 불렀다.) 영화감독이며 시인이던 이세룡 씨 등이다.

이 모임이 있던 어느 날(스카라극장 맞은편 커피숍으로 기억됨) 화장실을 다녀 온 안정효 선배가 뜬금없이 "우리 모임 이름 지어 보았는데 어때?" 하며 내놓은 것이 〈영광회〉. 이 이름의 내용은 바로 나온다.

영광회를 일일이 소개하려면 밑도 끝도 없다. 대신하여 한 여성잡지의 자유기고가 노옥진 씨의 기사를 소개하면 대략 짐작이 갈 것이다.

영화에 미친 사람들의 모임

— 영광회에서 주고받은 말들

"오드리 헵번은 화장실도 안 가는 줄 알았다."

〈영화에 미친 문화계 인사들이 지난해 3월(몇 년도였는지는 나도 기억에 없다.) 〈영광회〉라는 모임을 조직했다. 소설가 안정효, 추리작가 정건섭, 영화감독 이세룡, 영화연구가 정종화, 영화기획자 박건섭 등 10여 명은 한 달에 한 차례씩 모임을 갖고 우리 영화 발전에 대한 자그마한 일들을 벌이고 있다.

지난 1월 8일, 중구 순화동 한 음식점에서 무비 마니아들이 모였다. 새해 들어 첫 번째 모임이다. 동태찌개에서 모락모락 올라오는 하얀 김 사이로 새해 인사를 나누는 모습이 정겨웠다.

먼저 지난 연초 TV에서 방영한 한국영화 얘기가 오갔다. 소설가 안정효 씨의 소설 〈은마는 돌아오지 않는다〉와 〈허리우드 키드의 생애〉 등 두 편이나 방영된 것을 축하하기도 했다.

잠시 후 안씨가 "최근 발표한 소설 「낭만파 남자의 편지」를 영화로 만들고 싶다는 제의가 두 감독으로부터 들어왔는데 그들을 따로 인터뷰한 후에 결정지을 것이라고 했다.

안씨가 지명한 감독들에 대한 영광회 회원들의 평가가 뒤따랐다.

늘 그런 식이다. 누군가 한가지 얘기를 꺼내면 그와 관련된 수많은 이야기가 오가고 그 사이 사이로 폭소가 터지고 누군가 건배를 외치고……〉

식사 후 이들은 유럽풍의 레스토랑으로 자리를 옮겼다. 생맥주와 스파게티 과일 안주를 앞에 놓고 또다시 영화 이야기를 계속한다.

안정효 씨가 "오드리 헵번은 화장실도 안 가는 줄 알았다." 라고 말해 다시 폭소가 터진다. 대개 다 그랬으니까.

입장권을 구하지 못해(어릴 적 돈이 없어……) 화장실을 통해 몰래 들어간 얘기며 개찰구 아래로 몸을 숙여 도둑질하듯 입장한 얘기도 들린다. 비슷한 경험을 가진 회원들은 머리를 끄덕이며 추억에 잠긴다.

영광회 회원들과 함께

이 모임의 막내격인 허은도(시네마테크 영상기획실장)는 "규격화 되지 않은 사람들이 만나 영화에 관한 얘기를 나누다 보면 가슴이 충만해지고 대리만족을 느낀다."고 말한다.

술자리가 무르익어 가면 그날의 주제와 관계없이 영화에 관한 어떤 얘기도 쏟아낸다.

소박하고 따듯한 사람들, 꿈을 꾸며 사는 사람들로 구성된 영광회 사람들. 이 모임이 있는 날은 누구도 차를 가지고 나오지 않는다. 술을 마시며 마음껏 영화 얘기로 풀어갈 수 있는 날이기 때문이다.

문학단체에 절대 가입하지 않는 안정효 씨도 이 모임만큼은 빠지지 않고 참석한다.

추리작가 정건섭 씨는 "영화에 대한 막연한 사랑과 존경을 가진 이들이 추억을 되새기며 즐거움을 함께 나눌 수 있다는 것만으로도 행복한 일"이라며 "저녁에 만나 새벽에 헤어지는데도 늘 아쉽다"라고 덧붙였다. 그는 충북 충주에 집필실을 장만하고 그곳에서 글을 쓰는데 세상 없어도 이날만큼은 꼭 상경하여 참석한다고 한다.

정건섭 씨는 부친이 영화관을 경영하신 덕에 다른 회원들보다는 비교적 손쉽게 영화를 볼 수 있었다고 했다. 또 영화를 통해 작가적 상상력을 키웠다고 말한다.

지금까지 40여 권의 소설을 쓸 수 있었던 원천적 힘은 영화에서 얻은 것이라 해도 과언이 아니라고 말한다.

이 모임의 총무격인 정종화 씨는 영광회 모임이 있는 다음날에는 오전 스케줄을 비워놓는다고 한다. 새벽 언제쯤 헤어지게 될지 모르기 때문이다. 그의 별명은 '움직이는 영화 박물관'으로 통한다. 관련 자료와 지식이 풍부해 회원들의 대화가 막힐 때마다 물꼬를 터 준다. 생각이 날 듯 말 듯 어슴프레해 지면 어김없이 나서서 알려주기도 한다.

정종화 씨는 영화 제목만도 2만여 개를 암기하고 있다.

"영화 제목을 암기하다보니 자연스레 많은 영어 단어를 알게 되었다"고 한다. 또 "영화를 통해 세계 일주를 했다"고 술회한다.

〈내 사랑 처제〉를 만든 영화감독이며 시인인 이세룡(작고)은 모임의 장소를 잘 아는 것으로 한몫한다.

또한 〈영원한 제국〉 〈꽃잎〉 등을 기획한 박건섭 씨는 프랑스 문화원에서 20년간 근무한 덕에 유럽 영화에 대해서는 회원들 중 가장 많은 자료를 가지고 있다.

이들은 서로 영화에 대해서는 알 만큼 아는 사람들이라 자신했지만 이곳에 나와 보면 서로에게서 서로 배울게 너무 많다고 한다는 말로 이들의 수준을 암시한다.

사실 영광회 회원들은 영화제 심사위원으로 위촉될 정도로 영화계에서 인정받는 사람들이다.

영광회는 1996년 3월 5명이 모여 결성했다. 정종화, 안정효, 정건섭, 박건섭, 이세룡이 그들이다. 영광회 이름은 안정효 작품으로 영화에 미친 사람들의 뜻과 영화를 즐기는 영광(榮光)스러운 데서 만든 이름이다.

1940년대 출생인 이들은 성장 시기와 환경, 사회에 대한 시각이 비슷해서 대화를 나누기에 아주 적합한 모임이다. 후에 가입한 나머지 5명은 그들과 10여 년의 차이가 나서 5~60년대 영화 이야기를 할 때는 세대 차이를 느낄 수 있다고 한다.

후발 주자 5명은 중앙일보 문화부장 이헌익, 비디오 칼럼니스트 최인화, 워너 브러더스 한국 마케팅 부장 한순호 씨 등이 포함되어 있다.

영광회 입회 자격은 3시간 이상 막힘없이 영화 이야기를 할 수 있어야 하고 집안에 100가지 이상의 영화 관련 희귀자료를 가지고 있는 영화 애호가여야 한다.

나중에 가입한 회원들은 정종화 씨의 테스트(?)를 거쳐야 회원 자격을 가질 수 있었다.

새로 가입한 회원 중에는 아예 녹음기를 가져와 녹음해 가기도 했다.

워너 브러더스 마케팅 부장 한순호 씨는 자신의 영화사에서 수입한 영화에 대해 평가를 부탁하기도 했다.

또 시네마 테크 허은도 실장은 새 비디오가 출시되면 2~3개씩 선물도 한다고 했다.

영광회 모임은 매월 첫째 월요일 저녁 무렵에 정기적으로 열린다. 모임 장소는 일정치 않고 그때마다 좋은 장소를 골라 모인다.

단골식당은 회원들의 사인을 받아 벽에 걸어놓기도 했는데 장사에 많은 도움이 된다고 했다.

금년 말 모임은 정건섭 씨가 집으로 초대해 즐거운 시간을 보냈고, 다음엔 안정효 씨가 초대하기로 했다. 이들은 모임이 아니라 가족 같은 분위기였다.

〈자유기고가 노옥진〉

그랬다. 우리는 영화광이었다. 후에 나는 내 소설로 영화를 만들었고 신상옥 감독의 〈마유미〉에 깊숙이 개입했다. 내 소설(웨딩킬러—드라마 만들 때는 영어 제목이 허락지 않아 밤안개로 개명)을 KBS에서 드라마로 만들 때는 분위기를 '영화식'으로 해줄 것을 요청하였고 따라서 제작자들이 고생 좀 했다.

세트 촬영이 아닌 현장 촬영을 고집했는데 부산 출발 제주 도착, 페리호에서 발생한 세 명의 신부 살인 사건을 다룬 내용이다.

이것이 끝이 아니다.

MBC 라디오에 출연하여 세계적인 명화 해설과 함께 주제곡을 청취자들에게 들려주기도 했다.

스포츠조선에서 뮤지컬 육성을 지원하기 위한 뮤지컬 경연대회에 심사위원장을 맡기도 했다. 뮤지컬은 스토리와 연기가 있기 때문이다.

당시 나는 약 300편의 희귀작품 영화를 녹화하여 보관하고 있었고, 평생 국내외 영화 2천 편 이상을 감상한 것으로 기억하고 있다. 회원 대개가 그랬다.

영광회 시절, 지금도 참 그립고 그립다.

내 영혼과 추억 속의 사람들

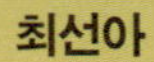

안소영

웃기고 황당한 스타와의 스캔들

최선아 영화배우

"정형! 〈처녀의 성〉이란 영화 봤어?"

소설가로 데뷔한 직후다. 시인으로도 활동할 무렵이었는데 동료 시인이 전화를 걸어 왔다.

"여자의 성? 안 봤는데? 근데 왜!"

"정형 영화 좋아해서 추천하는 거야. 나도 누가 보라고 해서 보았는데 참 좋았어. 그래서 추천하는 거야!"

이 영화에 대해서 알아보았다.

문여송 감독 작품이며 주인공은 최선아라는 아직 귀에 익지 않은 배우다. 문여송 감독은 부인이 김이연이라는 유명한 소설가라 이름을 익히 알고 있었다.

동료시인의 추천이니 믿고 영화를 봤다.

영화를 보고 나온 나는 머리를 끄덕이고 있었다. 근래 이처럼 아름다운 영화는 보지 못했다. 내용이나 음악, 사람의 세계를 이렇게 서정적으로 그린 영화는 별로 없었다.

게다가 문여송 감독이라면 '임예진'을 발굴하여 하이틴 영화붐을 일으킨 감독이라 젊은애들 영화의 선입관도 없지 않았다.

동료가 추천한 이유가 충분했다. 거기에 처음 보는 주인공 최선아는 현대적인 외모에 시골 여자 역을 너무나 잘 연기하여 영화의 성공을 주도해 나갔다.

문 감독이 이런 영화도 만드는구나. 임예진과 이덕화를 콤비로 엮어 청춘영화의 붐을 일으킨 스타 감독이다. 그는 이미 국내에서 청춘 영화감독의 상징이 되어 있었다. 그런 그가 이런 농촌 냄새 물신 풍기는 서정영화를 만들다니, 실력가는 다르구나 하는 감동을 씻을 수 없었다. 그리고 주연 배우 최선아가 머리에 꼭 박혔다. 참 괜찮은 배우네? 눈이 크고 예쁘고 연기도 자연스럽고……

좋은 영화는 누가 보아도 좋은 영화란 것이 입증된 셈이다.

1시간의 여유가 생겼다.

한 방송이 끝나고 다음 방송까지 약 1시간 정도 여유가 생겼다. 이럴 때는 KBS 본관 대형 휴식처에서 급한 원고를 이어 써 나가거나 커피를 마시며 휴식을 취한다.

이날은 원고가 별로 급하지 않았다. 신문사에 충분히 써서 보냈기 때문이다.

이때다. 누군가 어깨를 툭 친다. 가까이 지내는 성우다.

"방송 끝났어요?"

"〈오후의 교차로〉는 끝났는데 다음 프로가 한 시간 뒤에 시작해. 앉아 커피 내가 쏠게……"

"호호호. 좋죠. 근데 두 잔 사야 할걸요? 친구인데 작가님이 보여서 인사시켜 드릴려고요."

옆의 여인이 꾸벅 머리를 숙인다.

옆에 눈부신 여인이 서 있었다. 그렇게 합석하고 커피를 주문했다.

“누구시죠?”

나는 휘둥그레진 눈으로 그녀를 보며 물었다.

얼굴에서 빛이 나는 미인인데 특히 눈이 크고 반짝인다. 나는 이렇게 아름다운 눈을 가진 여성을 별로 본 일이 없다. 그냥 예쁜 게 아니다. 한밤에 빛나는 별이다. 물론 얼굴 윤곽이 뚜렷하고 잘 짜여진 미인인데다 눈까지 빛나니 감탄밖에 나올게 없었다.

“정 작가님, 정말 모르세요? 우리 방송국 탤런트고 영화배우예요. 최선아라고.”

“최선아 씨? 그럼 문여송 감독의 〈처녀의 성〉 〈짧은 포옹 긴 이별〉 주연 배우였던?”

나는 깜짝 놀라 다시 한 번 얼굴을 바라보았다. 영화에서 보았던 이미지는 맞는데 실물은 그보다 훨씬 아름다웠고 세련되어 보였으며 눈은 정말 보석처럼 빛나고 있다.

“에게? 작가님 너무 잘 아시네? 내 친구 참 예쁘죠?”

“어머, 애는 못하는 소리가 없어…… 작가님은 제가 더 잘 알죠. 추리작가님! 문 감독님에게 서도 작가님 말씀 많이 들었어요. 여기서 뵐 줄 정말 몰랐네요. 반갑습니다.”

“저야말로 이렇게 만나 영광입니다. 최선아 씨 영화 보고나서 잊지 않고 있었지요.”

“감사합니다. 옛날 영화까지 기억해주시고 언제 이 친구랑 밥 한 번 해요.”

“뭐야 질투 나게. 호호호. 작가님 밥은 제가 살 테니 시간만 내 주세요!"

영화에서는 아직 소녀티 물씬 풍기던 최선아를 방송국에서 다시 만난 것이다. 영화 팬에서 작가와 방송 MC 자격으로 그리고 옛날 극장 스크린의 그 소녀티 나던 배우가 성인 스타가 되어……

그리고 헤어졌다.

그로부터 약간의 세월이 흘렀다. 서로가 너무 바쁜 시간을 보내고 있어 밥 약속은 지키지 못하고 있었다. 그런데 어느 날 KBS 2TV 예능프로에서 연락이 왔다.

퀴즈프로에 출연해달라는 것이다.

지금은 출연자들이 모여서 웃고 떠들고 야단법석을 피우는 게 예능프로지만 당시는 퀴즈프로가 고작이다.

수차례 출연한 일이 있어 부르는 것 같다. 이제 예능프로에는 좀 삼가는 것이 좋겠다고 생각할 무렵인데 출연 섭외가 온 것이다. 전에 책을 출판하면 어김없이 인터뷰해주던 PD가 아니었다면 거절했을 것이다.

"아, 피디님 부탁이라면 제가 거절 못하죠. 근데 녹화는 언제죠? 누구누구가 출연하고요……"

"다음주 수요일 오후 2시부터입니다. 출연하실 분은 아시죠? 천문학자 조경철 선생님하고 부인이신 전계현 배우 그리고 우리 방송국 사극에서 날렸던 최선아 씨. 한 분은 좀 특별한 분인데 작가님은 잘 모르실 겁니다."

"최선아 씨도 나와요? 인사는 없었지만 조경철 박사나 부인인 전계현 씨는 잘 알고요. 최선아 씨는 인사도 있었고 너무 잘 알죠. 반가운 분들이네요. 거절했으면 손해 볼뻔했습니다!"

그렇게 승낙하고 나니 밥 약속하고 지키지 못한 게 후회가 된다. 난 한 번 한 약속은 절대 어기는 일이 없는 성격이기 때문인데 더구나 최선아이니 미안한 감이 더하다.

날자와 시간에 맞춰 녹화장으로 들어섰다. 담당 PD가 조경철 박사와 배우 전계현 씨 부부를 인사시켜 주었고 잠시 후 최선아가 숨가쁘게 뛰어들어온다.

"어머, 작가님 먼저 와 계셨네요? 잘 계셨죠?"

"밥 약속 못 지켜서 어쩌죠? 하하하."

"밥이고 뭐고 녹화 끝나고 잠깐 얘기 좀 해요. 부탁드릴 일이 생겨서요. 호호호. 오늘 오신다는 말 듣고 정말 잘됐다 싶었죠!"

"부탁요? ……뭔데요?"

"겁먹을 일 아니니 걱정은 마세요. 참 오늘 퀴즈는 내가 1등할래요. 작가님이 1등하시겠지만……"

"저, 오늘은 영 아닌 거 같은데요? 암튼 녹화 끝나고 봐요!"

지난번 보았을 때보다 한결 밝고 시원시원해진 것 같다. 나 역시 스스럼없이 편해진 기분이다. 사람을 안다는 게 다 그런 것 아닌가? 편하게 느껴지면 말과 행동이 편해지는 법! 말이다.

녹화가 시작되었다. 그런데 최선아 말대로 모르는 것 없이 척척 맞춘다. 퀴즈프로에 몇 번 출연해 보았지만 오늘 최선아 컨디션은 최고였다. 생방송이 아닌 녹화 프로라 시간은 예상보다 조금 더 걸렸다. 그리고 마지막 퀴즈가 끝났고 큰소리 친 대로 최선아가 1등을 하였다. 상품은 인형인데 나는 작은 인형 한 개를 탔고 최선아는 엄청 큰 1등 인형을 상품으로 탔다.

"오늘 굉장하던데요? 1등 축하해요……"

" 이 인형 누구에게 선물할 겁니다. 호호호."

"에? 누군지 좋겠네요. 섭섭해라……"

"작가님 차 열쇠 좀 잠깐 빌려 주세요."

"차 열쇠는 왜?"

"아까 와서 작가님 차 봤어요. 잠깐만 주세요."

"내 차 모를 텐데……"

"뒤 의자에 작가님 책 있는 거 봤거든요? 검은색 그랜저 맞죠? 5704."

"아이구야……근데 열쇠는 왜 필요한데요?"

"이 인형 작가님 드릴려구요. 어디 가시다가 피곤하면 베고 쉬시라고요. 호호호."

"날 준다고요? 정말요? 그럼 받죠. 대신 내 작은 인형은 선아 씨가 가져가요. 나도 보답은 해야죠. 참 부탁할 게 있다고 했죠. 뭐죠?"

"아이고 내 정신 좀 봐! 이번 금요일 저녁에 시간 좀 내 주세요. 영화 찍은 게 있는데 시사회하거든요. 꼭 좀 와 주십사 하는 겁니다. 문여송 감독님 작품입니다. 감독님도 꼭 모셔 오라는 말씀이 있었고요."

"네 알겠습니다. 꼭 가겠습니다. 약속할 게요."

차에 오르니 그 1등 인형이 좌석에 떡 하니 버티고 앉아있다.

"에구, 장난기도……"

〈춤추는 딸〉이라는 영화다. 그 무렵 문 감독과도 가까운 사이가 되었다.(후에 고우영 만화가, 빨간 장갑의 마술사 야구감독 김동엽, 문여송 감독 그리고 내가 포함 된 4인방 짝짝꿍이 된다.)

장소는 영화진흥회관 시사회실이다.

시사회 장소에 가니 중앙에 최선아 좌우로 나와 감독 자리가 마련되어 있다.

기자 인터뷰가 있고 초대되어 온 분들에 대한 인사가 있었다. 그리고 시사회가 시작되었다.

영화는 좋았다. 최선아의 열연도 사람을 감동하게 만들었다. 정말 혼신의 힘을 다한 연기였다.

시사회가 끝나고 박수 소리가 요란히 들리고 우리는 밖으로 나섰다.

이때다. 최선아가 귀엣말로 속삭인다.

"작가님. 진짜 또 부탁있어요."

"?"

"담 토요일 이 영화 스카라에서 개봉해요. 첫날이니 오셔서 응원 좀 해주세요."

안다. 내가 모를 리 없다. 개봉 첫날 첫 회에 나와서 얼굴을 비쳐주는 일이다. 이날은 친지 팬들이 함께 모이는 날이기도 하다. 여러 번 경험한 터다.

"물론이죠. 내 일찍 가 있을게요. 대박 내 주세요. 참 그 인형은 내가 잘 모시고 있습니다. 하하하."

"작가님이 최고라니까? 호호호. 그럼 그때 뵈어요?"

날씨는 쌀쌀했지만 스카라극장 앞은 이미 많은 사람들로 북적이고 있었다. 문여송 감독이 반겨준다.

"시사회도 와주시고 오늘 추운데 또 나와 주셨네요! 안으로 들어가세요."

"저야 당연히 응원 나와야죠. 아는 사람들도 올 테니 여기서 좀 기다리죠."

사람들이 또 몰려오자 그리로 가면서

"오늘 점심은 꼭 같이 합시다." 라고 소리친다.

아는 영화인 몇몇이 나타났다.

"아…… 전에 선아하고 퀴즈프로에 같이 출연했었죠? 응원차 오셨군요."

"네. 문 감독님과 친분도 깊고요. 어서 들어가세요. 추워요……"

그들이 극장 안으로 들어가자 최선아가 달려왔다.

"아이고 추운데 정말 오셨네요. 2층으로 가요. 몸 좀 녹이게……"

스카라극장 2층 거기엔 다방이 있었다. 2층으로 올라간 최선아는 누구에겐가 반갑게 손짓한다. 중년의 미인형 여인이다.

나를 그리로 안내한다.

"인사 나눠. 내가 늘 말하던 정 작가님이야."

누구지? 왜 어른에게 반말하는 거지?

중년의 여인이 자리에서 일어나 맞아준다.

"아이구 말씀 많이 들었습니다. 우리 선아 귀여워해주신다고요."

"누구세요?"

최선아를 바라보며 물었다.

"아! 엄마예요. 엄마!"

"어머님? 놀래라 진작 말해주시지. 앉으세요. 추운데 여기까지 오셨네요."

"네……오랜만에 영화 주연해서 왔지요. 선아 겉만 멀쩡하지 철이 없어요. 호호호. 선생님이 잘 보살펴 주세요. 잘못하는 거 있으면 야단도 치시고요."

딸이 엄마 닮아 예쁘구나. 그래, 피는 속이지 못하는 법이지!

따듯한 차를 마시며 몸을 녹이고 잠깐 더 대화가 있은 후 영화 상영 때문에 극장으로 자리를 옮겼다.

1회 상영이 끝나고 나는 문 감독과의 약속을 지키지 못하고 집으로 돌아왔다. 이날은 원고가 좀 바빴기 때문이다.

그런데 3일이 지난 후 문제가 터졌다.

한국일보 문화부 기자가 아침에 출근하여 아침 신문을 살펴보고 잠시 후 일간스포츠 기사를 펴 들었다. 그런 그의 눈이 휘둥그레진다. 연예 기사에 한 스캔들 기사가 게제된 것이다.

'추리작가 C씨, 여배우 최선아와 무슨 관계?'

추리작가 C씨는 최선아 씨와 한 달 전 같은 퀴즈프로에 같이 출연했다. 그런데 거기서 받은 상품을 C작가에게 선물했고 〈춤추는 딸〉 영화 시사회에도 감독과 나란히 앉아 참석해 주었다. 뿐만 아니라 〈춤추는 딸〉 개봉 첫날 응원차 나왔으며 최선아 씨 모친과 합석하여 차를 마시는 모습이 포착되었다. 이 작가와 스타 무슨 관계일까? 보통 사이로는 볼 수 없는 모습이다.

대충 이런 기사였다. 기자는 연예담당 후배 방영훈 기자다.

"하하하."

웃던 우계숙 기자가 전화를 걸어 방 기자를 부른다.

"웬일이십니까? 우 선배?"

"지금 기사 봤는데 추리작가 K씨면 김성종 씨일 테고, C씨라면 정건섭 작가겠네?"

"기사 보셨어요? 맞아요, 정건섭 작가."

"5층으로 올라와 커피 사줄게."

"알았습니다."

대선배가 기사를 보고 올라오라는데 어찌 거절할 수 있겠는가? 그렇게 두 기자는 간이 휴게소에서 만난다.

"어떻게 알고 쓴 거야?"

"세 번이나 우연히 눈에 띄였지요. 하지만 두 사람 관계는 우연이나 보통은 아닙니다. 그런데 우 선배가 왜 이 기사에 이리 신경 쓰세요?"

"호호호. 난 이 사건 첨부터 알고 있거든. 퀴즈프로 같이 출연한 거며, 인형 문제, 시사회 개봉 날 응원 간 거, 거기서 최선아 씨 엄마 만난 거 다 알고 있었거든!"

"아니 선배가 어떻게!"

"그 대형 인형 지금 내 집에 있어!"

"예? 도대체 무슨 말씀이세요? 우 선배 집에 있다니."

"에구, 기자가 이리 둔해서 뭐에 쓰노…… 정건섭 작가 지금 나하고 같이 살고 있으니 내 집에 있는 거지! 최선아 씨 자랑 많이 하던데? 재미있고 솔직한 성격이라고……"

"네?…… 그럼……"

"잔말 말고 내일 정정 기사 올려. 부장한테 야단맞기 전에. 호호호."

다음날 정정 기사가 올라왔다.

"알고 보니 추리작가 C씨와 최선아 씨는 오래전부터 잘 알고 지내는 선후배 사이였다.

C작가가 작가로 데뷔하기 전부터 친분이 있었다. 라는 해명성 기사였다.

세상에는 이런 일도 있다. 그게 인생이다. 다음 이야기도 웃기기는 마찬가지다.

재미있고 유쾌한 여인 최선아와 나를 그렇게 보다니. 하하하.

이 사건 이후 방 기자와 나는 형, 아우처럼 가깝게 지내는 사이가 되었다.

꼭 어리광 피우는 여동생처럼 붙임성 좋은 최선아는 그로부터 얼마 후 '애마부인'의 안소영 씨와 다시 만나게 된다.

불행한 여배우

안소영 영화배우

스포츠서울이 창간되고 가장 피해를 입은 신문이 일간스포츠다. 스포츠서울이 읽는 신문에서 보는 신문으로 바꿔 놓았기 때문인데, 이 신문은 거의 올 컬러다.

위기를 느낀 일간스포츠는 창간 20주년을 맞아 대대적인 혁신호를 준비하고 있었다.

우선 흘림체로 쓰던 日刊스포츠 제호를 고딕체로 바꾸었고, 별책부록으로 만화집을 만들어 신문 갈피에 넣어 무료로 배부했다.

연재소설은 오랜 세월 독점해온 김성종 선배 대신 내가 맡았다. 「천사여 침을 뱉어라」라는 소설인데 어릴 적 눈앞에서 아버지가 살해당하는 모습을 목격하게 되고 평생을 복수에 매달리는 한 여인의 이야기다.

그때까지만 해도 상상하기 어려웠던 그래픽을 이용해 소설 삽화를 대신했는데, 유명 연예인들을 섭외하여 먼저 갖가지 얼굴 표정을 찍고 여기에 컴퓨터 그래픽으로 몸을 그려 마치 영상을 보는 듯

한 착각을 들게 하였다.

〈토지〉로 대성공한 당시 톱스타 최수지 씨가 여주인공 오혜리 역을 맡았고, 젊은 검사 하재두 역에 작고한 임성민 씨, 최수지 라이벌에 만년소녀 김희애 씨가 그 역할을 맡아 주었다.

주인공은 맑고 하얀 피부에 훤칠한 키를 가진 글래머 여인으로 그렸는데 최수지와는 많이 다른 이미지다. 외에 내 작품으로 드라마를 만든 〈웨딩킬러〉에 출연해 주었던 연규진 씨와 악역에 박인환 씨 등이 수고해 주었다. 마지막 장면은 여주인공 오혜리의 죽음으로 끝난다.

연재가 끝나자 독자들 항의가 빗발쳤다. 왜 불쌍한 여주인공을 죽게 했느냐는 것이다. 결국 신문사는 내게 해명 가사를 쓰게 했다. 죽을 수밖에 없던 이유를.

나는 호기심 어린 눈으로 시계를 바라보고 있었다.

이제 7~8분 후면 게스트로 초대되어 온 배우 한 명이 스튜디오로 찾아올 것이다.

1980년대 최고의 에로배우로 이름을 떨친 안소영 씨가 바로 그다.

'애마부인' = '안소영' = '에로배우' 이 세 이름은 하나다.

앞서 소개한 최선아 씨는 많이들 잊었겠지만 '안소영 = 애마부인'을 잊은 사람은 없을 것이다. 그만큼 화제를 일으킨 배우다. 파격적인 노출신, 에로틱한 장면으로 전 국민의 관심의 대상이 되었었다. 물론 나도 이 영화를 보았다.

그 안소영 씨가 게스트로 초대된 것이다.

마침내 스튜디오 문이 열리고 한 여성이 다소곳한 몸짓으로 들어

온다.

"안녕하세요?"

"오시느라 고생 많으셨습니다. 여기 앉으세요."

내가 내어주는 의자에 앉는데 나는 이 배우의 얼굴을 보며 깜짝 놀라고 있었다.

명성이 자자한 에로배우가 아니라 파티에서 막 돌아온 그런 귀부인풍이었기 때문이다.

피부는 밀가루를 발라 놓은 것처럼 희고 고왔고 눈은 은은한 그런 감칠맛 나는 맛이다.

물론 눈으로 말하면 김지미 씨와 최선아를 따라 올 사람이 없겠지만 안소영 씨는 내가 상상했던 그런 야한 분위기의 여인이 절대 아니었다.

같이 프로를 진행하는 박용호 아나운서나 유혜선 아나운서는 이번에는 대부분 대화를 나에게 맡길 심산 같았다. 내가 영화에 해박한 지식을 가지고 있다는 것을 알기 때문이다.

나는 내심 당황하고 있었다. 내 상상과 전혀 달랐기 때문이다.

나는 소설 속의 오혜리를 생각하고 있었다. 소설 속의 오혜리와 너무나 닮아있어서다.

안소영은 애마부인의 '에로배우'만이 아니었다. 멜로영화에 출연해 슬픈 사랑 이야기를 만드는 여주인공이 되어도 충분히 성공할 승산이 있어 보이는 그런 배우였다.

반짝이는 두 눈의 최선아에게 놀랐다면 정말 어디서도 볼 수 없는 고운 안소영 피부에 놀라고 있었다. 조금은 햇볕에 탄 가무잡잡하리라 생각한 피부였는데!

방송을 진행하며 나는 안소영 씨의 생각을 꺼내는데 주력했다.

"지금 안소영 씨에 대한 국민 이미지는 잘 아시죠? 그에 대해 어떻게 생각하시는지……"

"제가 에로배우라는 틀에 갇혀 있는 거 잘 압니다. 이 틀에서 벗어나 보려고 노력했지만 영화사나 감독님들이 제게 그럴 기회를 주지 않아 정신적으로 많이 힘듭니다."

"그렇지만 애마부인 아니었다면 오늘의 안소영 씨는 없지 않았겠지요!"

"호호호. 맞는 말씀입니다. 하지만 마치 늪에 빠진 기분이예요. 배우라면 이런 역 저런 역 다해 보고 싶은 게 본능이거든요. 그게 전 안 되는 겁니다. 운명이라고나 할까요?"

그랬다. 이 배우는 '애로배우'라는 틀에 갇혀 있는 것이 불만이었고 이 틀에서 벗어나고 싶어 안달을 하고 있었다.

"'애마부인'역을 맡은 거 후회하십니까?"

"후회까지는 아닙니다. 아까 말씀하신 것처럼 이 영화로 유명해졌으니까요. 다만 그 틀에서 벗어나고 싶은 거 뿐이지요."

"이보희 씨는 〈어우동〉에서 관능적인 역할을 해냈지만 다른 성격의 영화에서도 성공적이거든요? 또 잘 아시겠지만 나영희 씨도 그런 타입인데도 잘 헤쳐가고 있고요."

"그분들은 저와 달라요. 이보희 씨 잘 아시죠?"

"그럼요. 이장호 감독이 〈일송정 푸른 솔은〉에서 발탁하여 성공한 배우죠. 개인적으로도 잘 압니다. 이장호 감독과 밥도 여러 번 같이 했었죠. 나영희 씨는 관능파로 출발했고요."

"예. 바로 그겁니다. 이보희는 독립군 영화로 먼저 출발하여 이미지가 좋았죠. 나영희도 비록 관능배우로 출발했지만 나처럼 노골적인 에로영화는 아니었거든요. '애마부인' 성공이 자칫 나의 파멸을 불러 올지도 모른다는 불안감을 떨쳐 내기 어렵습니다."

이 여배우의 불안감은 후에 현실로 온다. 그녀를 연기인으로 보기보다는 '애마부인'의 에로배우로 보는 시각이 전부였으며 끝내 이를 극복하지 못하고 영화계를 떠났기 때문이다. 첫 단추를 잘못 꿴 것이다.

인터뷰 방송을 마치고 배웅하기 위해 따라 나섰다.

"오늘 출연해주셔서 정말 감사드립니다. 다시 뵐 기회가 있을지 모르겠네요."

그런데 안소영 배우가 갑자기 밝아진다.

"작가님, 오늘 방송 정말 즐거웠습니다. 하고 싶은 말 다했으니까요. 근데요? 아마 머지않아 뵐 일이 있을 겁니다. 지금은 말씀드리지 못하지만 아마 깜짝 놀랄 자리에서 놀랄 일 생길걸요? 호호호."

마치 오래된 친구처럼 허물없는 말투다.

도통 감이 오지 않는다. 안소영 씨는 피차 오늘 처음 알게 된 날이다. 그런데도 오랜 지기처럼 다정한 말투다.

그리고 알 수 없는 말이다. 깜짝 놀랄 자리에서 깜짝 놀랄 일이라니, 사람 편하게 하는 건 내 주특기다. 그래서 방송이 끝나면 많이 편해지고 친해지기까지 한다. 그런데 이건 정말 감이오지 않는다.

"아…… 정말입니까? 기대해야겠네요?"

"네. 기대하세요! 호호호."

복도에서 그렇게 웃고 헤어졌다.

"정말이세요? 축하드립니다. 꼭 가겠습니다."

"우 기자님에게도 집사람(김이연 작가)이 연락했을 겁니다."

문여송 감독이다. 그가 오랜 꿈이던 영화사를 차렸다. 한남동 한 빌딩 한 층을 얻어 〈문여송 프로덕션〉을 차려 문을 여는 날이니 꼭 와 달라는 것이다. 안개꽃과 장미 한 다발을 준비하여 알려준 영화사를 찾아갔다. 벌써 적지 않은 축하객들이 와 있었다.

문 감독과 반가운 인사가 오가고 낯익은 영화인들, 시나리오 작가들과 인사를 나누며 축하해주고 있었다.

"작가님. 언제 오셨어요?"

귀에 익은 목소리가 들린다. 배우 최선아다.

그녀가 달려와 손을 잡는다. 참 오랜만이다. 눈은 여전히 빛났고 얼굴은 무척 밝아 보인다. 정말 반가운 해후다.

최선아가 팔짱을 끼더니 음식 차려 놓은 곳으로 데려간다.

"오늘 꼭 오실 줄 알았어요. 많이 드세요!"

그런데 누군가 뒤에서 또 팔짱을 낀다.

"너 왜 작가님 팔 함부로 끼는 거야. 그 손 놓지 못해?"

"아이구야, 굴러온 돌이 박힌 돌 빼려고? 너야말로 그 손 안 빼?"

놀라 뒤를 돌아보았다.

"아…… 아니 여긴 어떻게?"

안소영 씨였다.

"제가 말씀드렸잖아요? 호호호. 저 선아하고 단짝이에요. 모르셨죠?"

아!…… 이제야 수수께끼가 풀린다. 최선아, 안소영 둘이 이렇게 친한 사인줄은 꿈에도 몰랐다.

"그건 그런데, 선아! 정말 그 팔 안 놓을 거야?"

"팔을 빼려면 네가 빼야지 왜 내가 빼?"

티격태격, 옥신각신 그리고 자르르르 웃음소리.

하지만 장난기 많고 재미있던 이들은 인생 궤적에서 다른 길을 걷게 된다.

후에 최선아로부터 멋진 남자 한 분을 소개받았다. 남편이다. 성실하다는 평이 이미 돌고 있었고, 최선아는 연예계를 은퇴하여 부군 사업을 돕고 있다. 모범 가정을 만들어 꾸려 가고 있었다.

그러나 안소영은 불행의 연속이다. 연예인으로 더 이상의 발전을 보지 못했고 결혼도 실패했다. 그리고 그가 제주도에서 친구 식당을 도우며 생활하고 있다는 소식을 들었다. 그 식당을 알아보려 했지만 실패했다. 만나서 힘나는 말을 해주고 싶었고, 모처럼 옛날 얘기도 하고 싶었다.

문여송 감독도 세상을 떠난 지 꽤 오래되었다.

인생이란 거 난 정말 모르겠다. 그냥 좀 슬프다. 모두가 행복했으면 얼마나 좋았을까?

내 영혼과
추억 속의
사람들

길은정

더 슬픈 가수

길은정 가수

방송국에서 만나 정말 친오빠나 선생님처럼 따르던 가수가 있었다. 후에 알려진 사실이지만 시도 잘 써 시집까지 출판한 가수다. 내가 소설가이며 시인이라는 건 방송국 내에서 모르는 사람이 없다. 방송 중에도 연재소설은 계속되고 있었기 때문이다.

책이 출판되면 작가 약력에 시인으로 문단에 데뷔한 것이 먼저 나오기 때문이기도 하다.

시인이며 작가인 사람은 적지 않다. 하지만 가수며 시인인 사람은 절대 많지 않다. 그런데 가수 길은정은 노래하며 시를 썼다.

언제 어떻게 대화가 터져서 친해졌는지는 아직도 기억에 없다. 방송을 같이 한 기억도 없다. 그냥 언제부터인가 길은정과 친해지게 되었다. 길은정이 시를 쓰고 좋아해서 가까워진 게 분명한데 그 시작이 기억나지 않는다.

길은정이 어린이 프로를 진행할 때 보조 MC로 일하던 박경호 군도 가끔 합석했는데, 자주 밥 먹고 신곡을 듣기도 했다. 방송을 그만 두고 충주에 서재를 마련하여 글을 쓰고 있을 때야 그녀가 암 투병 중이라는 사실을 알았고 불행한 결혼이었다는 사실도 알았다. 그리고 그녀를 찾아가 만나기도 전에 숨을 거두었다.

아프고 안타까운 심정 헤아릴 수 없어 어느 문예지에 추모의 글을 올렸다. 길은정에 대한 슬픔과 추모를 이 아픈 글로 대신하고자 한다.

〈타계 5주년 길은정을 추모하며〉

시를 좋아해 시인이 되었고, 소설을 좋아해서 소설가가 되었습니다. 그림을 좋아해서 내 소설에 직접 삽화를 그려 넣기도 했습니다. 노래를 좋아해 노래하는 가수를 좋아했습니다.

무슨 인연이 닿았는지 문학상받고 KBS에 인터뷰 갔다가 방송국에 잡혀 수년간 MC 활동도 했습니다. 방송을 하다가 시를 좋아해서 시를 쓰고, 그림을 좋아해서 혼자 그림도 그리고 음악을 좋아해서 가수가 된 해맑고 아름다운 한 가수를 만나게 되었습니다.

감성의 흐름이 같으니 우리는 금세 친해질 수 있었습니다.

처음 어떻게 시작된 만남인지는 기억에 남아있지 않습니다. 하지만 자주 만나 커피 마시고 식사하며 음악을 이야기하고 문학을 이야기했습니다. 수년간 망년회도 같이하며 정말 여동생처럼 귀여워해주고 정을 나누었습니다.

그러다 글에만 집중하려고 방송일을 접었습니다. 나는 그녀에게 인사도 없이 떠났습니다. 그리고 그녀는 불행한 결혼을 했고 마지막은 암으로 투병하다 끝내 이 세상을 떠나고 말았습니다.

나는 오랜 세월 죄책감과 슬픔에 젖어 살았습니다. 그러다 우연히 추모 카페지기를 알게 되었고 그 인연으로 가족분들과 상봉하여 이제는 유골만 남은 은정이를 만나게 되었습니다. 유골이 된 그녀 앞에서 나는 눈물을 참을 수 없었습니다.

길은정. 언제 불러도 다정하고 그리운 이름. 유골이 안치된 일산 청아공원에 다녀와 은정이를 그리워하며 이 글을 씁니다.

은정아!

이제는 도저히 용서받을 수 없는 내가 더 용서할 수 없는 너를 만나고 왔구나.

나는 네가 힘든 결혼생활에 짓눌려 있을 때 너를 위해 아무것도 해주지 못했고, 또 해줄 수도 없었단다. 그러나 네가 투병생활을 하고 있다는 소식을 들었을 때는 어떡하든 너를 찾아가야 했었다. 하지만 네 환경이 어떤지도 모르고 또 어떻게 해야 할지 무척 망설이다 끝내 얼굴 한 번 못보고 보냈구나! 그렇게 종종걸음으로 가다니! 도저히 믿어지지가 않았고, 인정할 수가 없었단다. 그러다가 또 깜빡 잊기도 했고…… 누가 길은정 말만하면 가슴이 미어지고 금세라도 웃으며 나타날 것만 같아 무척 힘들었단다.

한 줌 재로 변한 너를 만났을 때 나는 슬픔보다도 나에 대한 죄책감으로 눈물을 감출 수 없었단다. 내가 용서가 안돼 견딜 수 없었단다. 살아 있을 때 왜 어떻게든 찾아가지 못했는지, 왜 유족이라도 찾아보지 않았는지……

하지만 나는 그때는 또 그렇게 할 수밖에 없었단다.

장례 때도 그랬단다. 내가 은정이 너를 귀여워해주고 넌 나를 오빠나 선생님처럼 대하며 허물없이 따랐다는 것을 아는 사람이 없었지 않니? 내가 불쑥 나타나 슬픔을 참지 못해 펑펑 울었다면 사정을 알리 없는 연예인들이나 기자들이 또 무슨 말을 할지 모르지 않겠니?

은정이를 죽어서도 지켜주지 못한 내가 될 것 같았단다.

네 방송 짝꿍 박경호와 내 가족들만이 내가 너를 귀여워하고, 네가 나를 무척이나 따랐다는 것을 알 정도이니 누가 나를 이해해 주겠느냐? 그런 걸 감수하고라도 장례식에 찾아가야 했지만 그것이 과연 너를 위한 길이었는지 나도 판단이 서지 않았단다.

나는 너를 지켜야 했다. 죽어서까지 구설수에 휘말리게 하고 싶지 않았단다. 대신 틈틈이 컴퓨터에서 네 사진을 찾아 꺼내 보고 네 노래를 들으며 너를 잊지 않고, 그리워하고 추억했단다.

너를 예뻐한 것을 알고 있는 가족들도 다소나마 마음의 짐을 덜어낸 듯했단다. 슬픔이야 오죽하랴만 그래도 가슴을 짓누르던 짐은 벗어낸 것만 같았기 때문이다.

처음엔 나는 너를 용서하지 못했단다. 어떻게 네가 나보다 먼저 갈 수 있나? 이 선생님을 두고 말이야. 난 그게 화가 났었단다. 정말 화가 났었단다. 하지만 어떻게 운명을 거역할 수 있었겠느냐? 난 네 유골 앞에서 한가지 맹세를 했었단다.

네 죽음을 보며 이제까지 내가 미워했던 모든 사람들을 다 용서하기로 했단다. 이건 네가 나에게 주는 마지막 선물이라 생각했다.

그것이 그나마 천사 같았던 네가 나보다 먼저 세상을 떠난 이유라 생각하며……

이제 푹 자거라. 가끔 너를 찾아 깨울 테니. 그때 일어나서 차도 같이 마시고, 네가 좋아하던 냉면도 먹고, 꽃향기도 맡고, 도란도란 이야기도 나누고, 옛날처럼 기타 반주도 없이 웃으며 노래도 들려주고……

내가 다시 찾아갈 때까지 잘 자거라……

내 마음의 25살 은정아…… 은정아!

잘 자거라.

그렇게 길은정은 떠나갔지만, 그녀는 세상에 사랑을 남기고 갔다. 아직도 팬이 있고 그 이름을 기억해 주는 많은 사람이 있다는 것은 그나마 행복한 일일 것이다.

여기에 그가 고통과 싸우며 쓴 시 작품 두 편을 소개한다.

내 친구 불행이

행복이란 친구가 있었다
그리 친하지는 않았지만
가끔,
아주 가끔씩 만나 인사를 나누곤 했다

불행이란 친구도 있었다
아주 가까운 곳에 살았고
갑자기
연락도 없이 불쑥 찾아오기 일쑤였다

때론
두 친구가 각각 방문할 때도 있었는데
언제나
행복이보다 불행이가 머무는 시간이 길었다
행복이와 친해지고 싶어
언저리를 맴돌며 노력했지만
행복이는
눈길 한 번 제대로 주지 않는
냉정한 친구였다

그리하여
부르지 않아도 찾아와 곁에 머무는
불행이와
더 친해지기로 마음먹었다

이제
곧 찾아올 불행이를 위해
따끈한 차 한 잔을 준비한다

시한부 사랑

겨울까지만 사랑하자 했나요,

자신 있게 그러자 했었던가요

봄부터 준비한 이별인 것을
가을이 갈 때까지 제자리만 맴돌더니
자꾸만 모자라게 느껴지네요

나 없으면 그대 눈물 누가 닦아주고
나 없으면 그대 등 누가 쓸어주나요

그대에게 드리지 못한 사랑 너무 많은데
겨울은 무심한 나 그대로 머물더니
이제는 떠나려 구두를 닦고 있네요
그대 보낼 준비를 끝내지 못했는데
나는 아직 그대를 떠날 수 없는데

내 영혼과 추억 속의 사람들

김동엽

고우영

문여송

만나면 즐거웠던 4인방 그리고 슬픈 마지막

김동엽 야구감독 **고우영** 만화가 **문여송** 영화감독

야구 올드팬들은 모두 기억할 것이다. 전 MBC 야구감독 일명 '빨간 장갑의 마술사' 김동엽.

일간스포츠의 〈일지매〉 〈수호지〉 〈가루지기〉의 만화가를 모를 사람도 없다. 고우영.

〈진짜 진짜 좋아해〉 〈춤추는 딸〉 〈처녀의 성〉의 영화감독 대개 다 안다. 문여송.

『덫』 『5시간 30분』으로 추리소설 붐을 일으킨 추리작가 정건섭.

전혀 어울릴 것 같지 않은 이들은 틈만 나면 만나 밤거리를 헤매고 다녔다.

영산회나 영광회처럼 일정한 날짜를 정해놓고 만나는 것이 아니다. 시간이 되고 특별한 날이 아니면 만나 식사하고 술을 마신다.

우리 아지트는 힐튼호텔 로비 쪽에 있는 작은 카페였는데, 운전은 언제나 김동엽 감독 차지다. 문인들이 모이면 내가 핸들을 잡았

다. 나만이 비주류이기 때문이다. 하지만 여기서는 김 감독 차지다. 이미 한잔 걸쳐 알딸딸 해도 절대 핸들을 내놓지 않는다.

"아. 이러다 사고라도 나면 어쩌려고요. 앞으로는 제가 운전하겠습니다."

"작가님 별 걱정 다 하십니다. 저요! 120~130Km 야구공도 거뜬히 받아냅니다. 걱정 마세요. 하하하."

언제나 자신에 넘쳐있다.

술이라면 밥보다 더 좋아하는 문여송 감독이나 고우영 화백도 이 때만큼은 내 편이다.

"맞아요, 맞아. 술 안하시는 작가님이 핸들 잡는 게 맞아요."

"하하하. 다 뺏겨도 핸들은 절대 누구 안줍니다."

이렇게 안 맞을 거 같은 4인방이 모이게 된 데는 그만한 원인이 있다.

스포츠 신문이 그 매체다. 국민 모두가 알다시피 일간스포츠의 스타 고우영 화백이 있다. 얼마나 신문을 기다리게 했었나. 〈일지매〉 〈삼국지〉 〈수호지〉의 〈반금련〉 회사원들은 아침에 출근하면 이 만화를 보기 위해 쟁탈전이 벌어진다. 누군가 책상 위에 올려놓고 보면 우르르 모여 어깨 너머로 고우영의 만화를 훔쳐본다.

회사원 시절 나도 그랬다.

MBC 야구 청룡팀. 거기엔 현란한 사인의 김동엽 감독이 있다. 그는 시합이 끝나면 승리하건 패하건 언제나 스포츠지의 1면 톱을 차지한다. 현란한 제스쳐, 거구로 심판을 밀어내는 우스꽝스런 몸싸움, 그러면서도 범접할 수 없는 카리스마. 시합의 세세한 부분까지 쓰는 스포츠지 기사가 아니더라도 김동엽 감독은 수많은 팬을 확보하고 있었다.

TV 중계를 보고도 또 기사를 찾는다. 재미있기 때문이다. 스포츠 기사는 일반 신문보다 '스포츠지'가 최고다. 김동엽 감독은 당시 최고 인기 감독이며 스포츠지 전면에 자주 등장하는 스타였다.

스포츠지만큼 영화를 속속들이 보도해주는 신문은 없다. 조선일보, 동아일보, 중앙일보, 한국일보 등 4대 일간지가 있지만 스포츠지만큼 연예 가사를 많이 실어주는 신문은 없다.

연예계에 종사하는 분들에게는 스포츠지가 하늘 같은 존재다. 흥행을 몰아주기도 하고 입소문도 내준다. 문여송 감독 역시 영화담당 기자의 사랑과 존경을 받는, 그들 덕을 톡톡히 본 인기 감독이다.

추리소설. 내가 추리소설을 발표하기 전까지는 김성종 선배가 독점해 왔다. 그리고 나는 스포츠서울 창간호부터 일간스포츠 스포츠조선 스포츠동아(당시 주간지)까지 연재하지 않은 스포츠지가 없었다.

후에 경제지까지 진출했지만 아무튼 우리는 스포츠지의 스타들이었다.

그런데 이미 내가 합류하기 전까지 나를 제외한 3인방이 시간만 나면 뭉쳤다. 자주 어울리고 술 마시고, 힘든 작업의 고통을 잠시나마 잊고자 했던 것 같다.

불과 몇 년까지만 해도 이들을 보려면 신문이나 TV 아니면 볼 수 없는 얼굴들이었다. 그런 3인방에 내가 끼어들었다.

문 감독이 제작하려는 영화의 주인공 배우를 뽑는데 도와 달라는 것이다.

신인배우 선발은 마로니에 공원에서 이뤄졌고 여기에 3인방이 참가하여 3인방이 4인방이 되었다.

나는 사람을 좋아한다. 배짱만 맞으면 마냥 좋아한다. 영산회 사람들이 그랬고 영광회 사람들이 그랬다. 방송하며 길은정, 최선아, 안소영 등과 친해졌고, 성우 배한성, 고인이 된 야구해설가 하일성이 그랬다.

비록 나만 술을 마시지 못하지만 이들은 그런 것에 개의치 않았다.

술잔이 오가면 김동엽 감독이 자리를 유쾌, 상쾌하게 만든다. 야구 시합장에서 있었던 일들을 너무 재미있게 들려준다.

고우영 화백을 처음 만나 인사를 나누던 날 나는 그를 깜짝 놀라게 만들었다.

"고 화백님. 옛날에 제가 좋아하던 만화가가 있었죠. 지금보다는 그림이 좀 서툴기는 했지만 어찌나 재미있는지 애써 찾아서 보았습니다."

"아…… 그래요? 소설가시니 만화도 좋아하셨겠죠. 근데 그 만화가가 누구신지……"

"하하하. 말씀드리면 웃으실 걸요?"

"허…… 그러세요? 제가 알만한 분인가요?"

"그럼요. 추동성이라고…… 주로 사극을 많이 그렸죠?"

"추…… 아니 어떻게 아셨어요? 추동성을."

그랬다. 놀랄 수밖에 없다. 추동성. 그는 무명 시절의 고우영 바로 그 자신이었던 것이다. 그런데 뜻밖에도 내 입에서 추동성 이름이 나온 것이다.

나는 그때 그 이름을 정확히 알고 있었다. 그 시절의 화풍도 분명히 기억하고 있다.

이래저래 더욱 친하게 되었다.

야구 이야기, 영화 이야기, 만화 이야기, 소설 이야기. 흥미진진하고 풍성한 이야깃거리를 가진 사람들이 모였으니 이야기가 얼마나 즐거웠겠는가?

영광회 사람들이 모이면 영화 이야기로 날밤을 새웠다는 말씀을 드린 기억이 있을 것이다. 마찬가지로 모임의 이름도 없는 4인방이 모이면 이야기꽃을 피우느라 시간 가는 줄 모른다.

한번은 그렇게 이야기꽃을 피우다 시간이 너무 가 버렸는데 새벽 3시가 된 것이다.

김동엽 감독은 이미 떡(?)이 되었다.

이런 날 핸들은 어쩔 수 없이 내 몫이다. 고우영, 문여송 두 분은 택시로 가고 나는 김 감독 주머니를 뒤져 키를 꺼냈다. 그의 집은 장위동에 있었다. 집 거실에는 수천 명 관중 앞에서 폼나게 선수들을 지휘하는 대형 사진이 있다. 지금 생각해도 참 멋진 사진이다.

'남자로 태어났으면 저 정도는 돼야지' 부럽기도 하고 정말 멋져 보이기도 했다.

집을 찾아가 클랙션을 두어 번 눌렀지만 반응이 없다. 밤중에 계속 누를 수 없어 부득이 초인종을 눌러 댔다. 아무리 깊은 잠에 빠져 있더라도 이 정도면 깨어나 문을 열어 주리라 생각했지만 역시 반응이 없다.

'가서 어디 호텔에 재울까?'

생각하고 있을 때쯤 문이 열린다. 그리고는 말없이 들어간다. 나는 그 큰 거구를 부축하여 응접실에 뉘여 놓고 인사도 못하고 돌아왔다.

'아이구야, 가족들도 술 먹고 오는데 지친 모양이구나.' 그리 생각하니 내가 죄인이 된 것 같다. 충분히 이해되는 일이다.

그리고 좀 더 세월이 흘렀다. 우리들 만남도 차츰차츰 멀어져 갔다. 모두 다 바쁜 사람들이니 전처럼 그리 만날 수는 없는 일 아닌가?

그런데 날벼락 같은 보도가 언론에 공개되었다.

……김동엽 감독 변사체로 발견되었다는 보도인데 한남동의 한 달 38만 원 원룸에서 변사체로 발견되었다고 한다. 사망한 지 3일 후로 추정되는 날 청소원이 발견한 것이다.

직감적으로 '이혼하고 혼자 산 것이며 죽음의 원인은 스트레스와 그로 인한 과음이 문제였구나'를 직감할 수 있었다.

스트레스, 원래 유쾌하기 짝이 없는 분이지만 시합의 스트레스는 감독만이 아는 일일 것이다. 정말 야구감독다운 감독 하나가 세상을 떠났다. 성격이 다혈질이기는 하지만 성격이 소탈하고 유쾌한 남자인데다 워낙 건강 체질이라 이렇게 갈 줄은 몰랐다.

가족들과의 불화 이야기도 언론에 조금씩 떠돌기는 했지만 정말 헤어졌다는 것은 후에 알았다.

나는 평생을 살아오면서 뒤늦게 탁구를 치기 시작하기 전까지는 스포츠인들과 별 인연 없이 살아왔다. 그런데 용케도 두 명의 야구인을 사귀었다. 그 하나가 김동엽 감독이고 또 하나가 야구해설가 하일성 씨다. 하일성 씨가 KBS 야구해설가였다는 것을 모르는 사람은 없을 것이다.

그는 퀴즈프로에 자주 출연하였고, 그 프로에 같이 출연하여 알게 되었는데 성품이 워낙 착하고 성실해서 아무 일 없이 잘 살아가리라 믿었었다. 내가 방송을 그만 두고도 어쩌다 만나면 반색을 하며 나의 방송 시절을 그리워했다.

"그때 참 재미있었는데요. 바쁘시겠지만 다시 방송하세요. 같이 출연도 하고요. 하하하" 하며 너털웃음을 짓기도 했다.

그런 그가, 그 순진한 그가 사기에 빠져 엄청난 빚을 지고 자살을 했다……

참 나는 왜 이리 불행할까? 그리도 좋아하던 김동엽 감독과 하일성 두 야구인. 시대는 달라도 한때를 풍미하던 두 분, 어쩌면 그렇게 약속이라도 하듯, 슬픈 죽음을 만나게 되었을까?

그 시절이 지금도 그립기 짝이 없다.

그런데 슬픔은 그 하나가 아니다. 문여송 감독이다.

언젠가 누구인지 분명한 기억은 없지만 영화감독 문여송 씨가 어느 요양병원에서 혼자 쓸쓸히 세상을 떠났다는 말을 듣게 되었다. 하도 연락이 없어 알만한 분에게 수소문하여 들은 비보였다.

그리고 고우영 화백도 생각보다 훨씬 일찍 세상을 떠났다. 아마 모두 술이 화근이고 술은 스트레스 때문이었을 것이다.

나 역시 지금까지 권수로 60권 가까운 책을 썼다. 나라고 스트레스가 없겠는가? 게다가 술도 담배도 못하니 스트레스를 풀 방법은 그저 어디론가 훌쩍 여행 떠나고, 사람들 만나 시간아 가거라! 하면서 떠들어대는 것뿐이다.

그래도 그렇지, 그 지경이 되면 연락은 해야 원칙 아닌가? 그래야 옆에서 위로라도 해주지? 그런데 가만히 생각하니 자존심 강하기로 유명한 예술인들이, 스포츠맨이 그런 꼴을 누구에게 보이고 싶겠는가?

나 같아도 소리 없이 죽는 게 낳을 것이다. 이것이 그들의 죽음을 애도하는 방법일지도 모른다.

배짱 맞고 멋진 사람을 만난다는 것은 행복한 일이지만, 이렇게 이별해야 한다는 것은 또 슬프기 짝이 없는 일이다. 하기야 죽지 않고 끝까지 버티며 살 인간이 세상에는 있겠는가? 나 또한 그들을 따라 세상을 떠날 날도 멀지않았을 테니까!

그나마 나는 글을 쓰는 사람이니, 이렇게 오래 살아남아서 글로나마 추억하며 슬퍼할 수 있으니 그래도 난 행복한 놈 아닌가?

정건섭

내 영혼과 추억 속의 사람들

현정화

김완

장선홍

마천웅

탁구로 맺은 인연들❶

현정화 탁구대표팀 감독, **마천웅** 생활 탁구인

"정 작가님, 오늘 바쁘신가요?"

"아뇨? 괜찮습니다. 뭐 좋은 일이라도 있으신가요?"

"갑자기 생각나서 점심이나 같이할까 해서요."

강남역 가까운 곳에 박철언 씨 사무실이 있다. 통일복지연구소가 그곳이다. 가끔 들러 정치 이야기도 나누고 사회 이야기도 나눈다. 그런데 일이 있어 얼굴 본 지 오래되었다.

"아! 그렇지 않아도 오래 못 뵈었는데 가겠습니다. 별일은 없으셨죠?"

이렇게 인사를 나누고 찾아갔다. 보좌진들의 안내를 받으며 사무실 문을 열었다. 한 여인의 등이 보인다. 쭈뼛 서서 망설이자

"아, 오셨군요. 앉으세요."

박철언 씨와 악수를 나누고 셋이 소파에 앉았다.

'아! 현정화 선수구나'

놀라 바라보는데 박철언 씨가 정식으로 인사시켜준다.

“여기는 아시겠죠? 현정화 감독. 이쪽은 내가 늘 말하던 정건섭 작가고 인사 나눠요.”

“네. 말씀 많이 들었습니다. 반갑습니다.”

이렇게 처음으로 악수하며 인사를 나누었다.

그때는 내가 탁구를 잊고 있을 때였다. 그저 세계적인 탁구선수며 지금은 지도자인 현정화 씨구나 정도였다. 하지만 역시 스타를 만난다는 것은 즐거운 일이다.

현정화 감독은 박철언 씨 부인 현경자 씨의 조카가 된다. 그러니까 박철언 씨의 처조카인 셈이다.

이에리사와 함께 한국의 대표적 탁구인이다. 하지만 이런 스타를 만나 반갑기는 하지만 그가 하늘처럼 보이지는 않았다.

그런데 내가 운동 삼아 탁구를 시작하면서 그가 얼마나 하늘 같은 존재였는지 알게 되었다.

탁구. 내겐 생소한 운동은 아니었다.

1970년대 후반, 박정희 대통령이 ‘관광입국’의 슬로건을 내 걸고 관광사업에 주력하고 있을 때였다. 관광사업체는 정부에서 인증받은 업체에게 많은 경제적 혜택을 주고 있었는데, 그 업종을 살펴보면 관광호텔, 관광버스, 관광여행사 등이다.

이에 착안한 대한탁구협회는 한국관광협회와 협의하여 관광업계 종사자들의 친목과 결속을 위한 관광업 종사자인 탁구대회를 열기로 했다.

탁구 붐이 일어나 큰 국제 대회가 열리면 대통령이 직접 참관하던 시절이니 ‘관광’과 ‘탁구’가 딱 맞아 떨어진 셈이다.

이를 주선한 사람이 당시 대한탁구협회 경기이사 천영석(전 대한탁구협회장) 씨와 서울교통에 근무하던 생활탁구인 마천웅 씨였다.(후에 그는 회사를 그만 두고 명동에서 로얄탁구장을 차렸고, 한국탁구동우연맹 이사, 서울시탁구연합회 초대 사무국장, 한국탁구연맹 총무이사, 국제심판을 거친다. 지금은 생활탁구 지도자로 활동하고 있다.)

당시 나는 쉐라톤 워커힐 총무주임으로 근무하고 있었는데 당연히 회사로도 초대장이 날라왔다.

〈대한탁구협회와 한국관광협회에서는— 이러이러한 탁구시합을 개최하는데 워커힐에서도 참가바랍니다. 장소는 문화체육관입니다.〉라는 요지였다.

인품이 좋아 사내에서 상당한 존경을 받던 이만수 관리이사는 총무부장과 나를 불러 무제한 지원을 허락했다.

"선경에서 워커힐을 인수하여 나가는 첫 시합이니 무제한 지원을 하라. 그리고 이 시합은 정 주임 책임하에 참가하라."는 지시가 떨어졌다. 거기엔 그만한 이유가 있다.

나는 총무과에서 직원 복지후생을 담당하고 있었는데 직원 구내식당 옆에 꽤 넓은 공간이 있어 직원 복지를 위해 탁구대 3대를 놓았다. 사원들의 반응은 너무 좋았다. 식사를 끝낸 사원들은 대부분 이곳으로 몰려와 탁구를 치거나 구경하며 박장대소 웃기도 하고 와~~ 소리가 날 만큼 잘 치는 사람은 스타가 되기도 했다.

나 역시 탁구는 좀 치는 편이었다. 청안중학교를 졸업하고 충주고등학교에 입학한 후에도 나는 교회를 다녔고, 교회에 탁구대가 있어 주일이면 늦도록 탁구를 쳤기 때문이다.

내가 회사에 탁구대를 설치한 것도 그런 원인이 있었기 때문이다. 그래서 급조한 팀이기는 하지만 탁구팀을 만들 수 있었다. 평소

현정화 감독과 함께

좀 친다는 사원들을 눈여겨보았기 때문이다.

첫 시합에서 마천웅 씨가 버티고 있는 서울교통이 우승. 워커힐이 준우승이었는데 워커힐에는 다행이도 학생 시절 잠깐 선수 생활을 한 이갑수라는 사원이 있었기 때문이다.

이렇게 탁구와 인연을 맺었었다.

마천웅 씨가 탁구장을 차리고 회사를 떠날 무렵 나도 회사를 그만 두고 작가가 되기 위해 한참 준비하고 있었고 나의 탁구는 거기서 끝났다.

작가가 된 후 정말 정신 없는 세월을 보냈다. 집필, 방송, 강연, 사람 사귀기. 그러다 보니 어느새 환갑이 다 되었다. 이제는 나도 나를 위해 뭔가를 해야겠다는 생각이 들었다.

"환갑요? 젊었을 때 공부 많이하세요!" 황장엽 선생을 만나던 무럽이었는데 나는 이제 나를 위해 책보다 건강과 취미를 함께할 것을 찾고 있었다. 그동안 나는 두어 번 탁구에 관해서 회상할 일이 생겼었다. 그 한 번은 현정화 감독을 만난 일이었고, 또 하나는 유승민 IOC 위원이 올림픽에서 금메달 딸 때 악을 쓰며 응원하던 일이었다.

'그래 다시 탁구를 배우자.'

그렇게 결심하고 탁구장을 찾아 레슨을 시작했다.

그때서야 현정화 감독이 하늘 같은 존재임을 실감할 수 있었다.

탁구를 배우기 시작한 지 3년! 1년 정도 배우면 전에 치던 가락도 있고 하니 웬만큼 칠 줄 알았다. 하지만 아니다. 3년이면 아직 초보 발걸음도 떼지 못할 탁구 나이다. 그러나 기본 기술은 좀 배웠고 용어도 익히기는 했다. 나는 욕심이 났다.

탁구소설을 써 보고 싶었다. 글재주 있는 아마추어 탁구인 들이 탁구 만화도 그리고 소설도 썼지만 프로 작가가 탁구소설을 쓰는 것은 내가 처음이리라. 탁구 웹 사이트 〈핑퐁조아〉에 가입하여 6개월에 걸쳐 연재, 드디어 「탁림고수」라는 한국 탁구 사상 첫 본격적인 장편 탁구소설이 탄생되었다. 이것이 탁구계에 화제가 되었고 한국 유일한 탁구월간지 《월간탁구》에서 새로운 기획을 세우게 되었다.

〈스타열전〉이 그것이다. 한국 탁구계 스타들의 이야기를 연재해 보자는 것이다.

첫 스타트로 현정화 감독이 선정되었다.

오래전 박철언 씨 사무실에서 인사를 나눈 일이 있다. 하지만 너

장선홍 정건섭 마천웅(국제 시합장에서)

무 오래전 이야기다. 현 감독을 만나 취재를 해야 하는데 아무래도 서먹서먹하지 않을까? 많은 이야기를 끌어내려면 서로 편해야 하는데?

나는 박철언 씨를 찾았지만 외국 출장 중이다. 부인 현경자 씨도 연결이 안 된다. 결국 보좌진들이 나서서 연락을 해주었다. 불편하지 않도록 편하게 만나 달라는 그런 부탁이다.

당시 현 감독은 마사회 탁구부를 맡고 있었다. 훈련장 사무실에서 만난 현정화 감독은 정말 친절하게 맞아주었다. 그리고 너무나 편하게 살아온 탁구 인생을 말해주었다.

내가 탁구를 치기 전이라면 무엇이 걱정일까? 하지만 아무리 작가라 해도 난 지금 라켓을 잡은 왕초보이고, 현 감독은 세계가 알아주는 탁구선수에 지금은 지도자가 되었다. 그래서 걱정했는데 의외로 소탈해서 그의 사람을 알아 가는데 너무나 편하고 즐거웠다.

현 감독의 지나간 이야기를 들으며 다시 한 번 깨닫게 된 것은 역시 어느 분야에서나 정상의 자리에 선다는 것은 아무나 되는 게 아니라는 것을 다시 한 번 알게 한 것이다.

"저요. 초등학교 3년 때 탁구를 시작했어요. 시간만 나면 언니들 탁구 훈련하는데 찾아가서 밖으로 튕겨 나온 공을 주워주며 구경했는데 너무 재미있어 보이는 겁니다. 이걸 본 감독님이 절 탁구부로 넣어주셨죠. 그때부터 죽어라 공을 쳤어요. 작가님. 스윙 연습 하루 제일 많이 해보신 게 몇 번이세요?"

"네. 100번 하고 팔이 빠지는 줄 알았죠!"

"호호호. 그래도 많이 하신 거예요. 전 하루 3000번씩 했어요. 시간만 나면 스윙 연습이지요. 좀 더 커서 시합에 나가기 시작했는데 패하는 날엔 잠도 못자고 울고 복기하고 설욕을 다짐했답니다."

"제일 기억에 남는 시합은요?"

"역시 스웨덴 세계선수권대회였지요. 그런데!"

하더니 잠깐 말을 멈춘다. 회상에 젖는 듯했다. 얼굴에 만감이 교차하는 표정이다.

"결승 게임 직전에 생리가 왔지 뭡니까? 그런데다 제가 좀 심하게 아파하는 편이거든요. 정말 포기하고 싶은 마음뿐이었죠. 하지만 어떻게 여기까지 왔는데! 하며 이를 갈고 참았죠. 근데 이게 날 살린 겁니다. 호호호. 공을 칠 때마다 아픔을 이겨 내려고 앗! 앗! 소리치며 기합을 넣었죠. 이 기세에 상대 선수 기가 꺾인 모양입니다. 우승컵이 제 것이 되었지요. 난 이날을 평생 잊지 못합니다."

스웨덴 세계선수권대회 우승. 탁구인들은 다 안다. 탁구장 내 시합에서 우승만 해도 스타 대접을 받는다. 구청 시합에서 우승하면 두고두고 자랑이다. 수많은 전국 오픈시합에서 우승하는 날이면 이건 완전 영웅 대접이다.

그런데 현정화 감독이 승리한 것은 세계선수권대회다. 세계대회에서 우승한 것이다. 수없는 강적들을 물리치고 또 물리쳐 올라온 결승에서 하필 생리에 걸렸어도 이를 이겨낸 악발이 선수다. 그런 오기가 없었다면 과연 월계관을 머리에 올릴 수 있었을까?

탁구하면 현정화다. 그것이 거저 얻어진 이름이 아니다. 아무나 얻는 이름이 아니다. 소질이 좀 있다고 다 성공하는 것은 아니다. 뼈를 깍는 고통과 자기를 이겨낼 각오 없이는 얻어지지 않는 것이 명성이다. 현정화 감독이 얻은 것은 보통 명성이 아니라 세계적 명성이다. 어찌 공짜로 얻었겠는가?

희고 작고 가느다란 손가락 그리고 작은 손! 이 작고 예쁜 손이 세계를 제패한 손이다.

현정화 감독의 프로필을 보면 화려하기 짝이 없다.

1986년 서울 아시아탁구경기대회 단체 우승
1987년 세계탁구선수권대회 개인복식 우승
1988년 서울올림픽 탁구 여자 복식우승
1989년 세계탁구선수권대회 여자복식 우승
1990년 베이징 아시아탁구경기대회 단체 우승(남북 단일팀)
1993년 세계선수권대회 단식 우승
그리고 국가대표 감독 역임!

그런데 후에 현 감독 때문에 큰 손해를 본 일이 발생한다.

앞서 말한 탁구소설 「탁림고수」를 영화로 만들기 위해 한 프로덕션과 계약을 맺었다. 시나리오가 완성되고 프로덕션에서 탁구장을 견학하고, 배우를 물색하던 중 현정화, 이분희를 모델로 한 영화 〈코리아〉가 준비 중이라는 보도가 터졌다.

하하하. 정책적인 영화에다 현정화가 참여하는 영화다. 어찌 우리와 게임이 되겠는가?

탁구 좋아하니 탁구가 소설로, 영화로 만들어 진다는 것만도 내게는 감사한 일이다.

프로덕션과 나는 손을 놓았다. 잘못 욕심내다 두 영화 다 실패할 우려 때문이다.

옛날 신상옥 감독과 홍성기 감독의 춘향전 싸움이 생각난 것이다.

후에 영화가 개봉되었을 때 혼자 영화를 보았다. 남북문제라 감동적이었고, 탁구인들이 대거 몰려가 흥행엔 어느 정도 성공한 편이었다.

어느새 날이 저물어 간다.

악수를 나누고 헤어지는데 한마디한다.

"작가님. 사실 저 매일 만나는 사람 아니면 다른 데서 만나도 잘 못 알아봅니다. 건방지다고 말들 하는데 제 천성이 그래요. 이해해 주시고 어디서든 먼저 좀 아는 척해 주세요. 오늘을 기억하고 있을 게요. 보좌관 측에서 전화 왔을 때 첨에는 누구시지 하다가 생각날 정도였으니까요?"

그래, 그건 나도 약점이 있다. 난 사람 이름을 잘 못 외운다. 수없는 소설에 수 없는 사람이 등장한다. 등장인물 모두 내가 이름을 지어야 한다. 그러다 보니 이름이 헷갈려 못 외운다. 그래서 결례할 때가 많다.

"네, 알겠습니다. 걱정 마세요."

하지만 국제 시합 관전갔다가 만나면 내가 피한다. 바쁜데 말 걸기가 좀 그렇기 때문이다.

그렇다고 내가 현정화 그 이름을 어찌 잊으랴? 그건 아니지! 《월간탁구》에 1년간이나 일대기를 쓴 사람인데……매일 언론에 보도되는 이름인데……!

탁구로 맺은 인연들❷

김완 전 탁구대표팀 감독

한국 탁구의 대들보.

내가 탁구에 깊은 관심을 갖기 전 한국 탁구선수 이름을 몇이나 알고 있었을까?

이에리사, 정현숙, 양영자, 위쌍숙, 현정화 그리고 최승국, 윤길중, 이상국, 천영석 정도였다. 그리고 다음으로 뇌리에 박힌 이름이 있다. 복식과 단식에서 최고 기량으로 세계 랭킹 20위 안에 든 김완과 김기택 선수다.

외국 선수로는 중국의 장립이란 선수가 있었다. 후에 세계를 제패한 등야핑처럼 당시 장립은 세계 1위였다. 그 누구도 장립을 깨진 못했다. 나까지 이 명성을 기억할 정도라면 그 위세가 어땠는지 감히 짐작이 갈 것이다.

위쌍숙 선수도 명성을 남겼지만 이름이 특이해서 기억했으리라.

당시만 해도 세계 탁구는 중국, 스웨덴, 체코, 헝가리 등 동구권이 휩쓸고 있었고 아시아에서는 일본이 중국 다음으로 최강자였다.

한국은 서독, 프랑스에 이어 10위권에 있었지만 이때는 이미 이에리사, 정현숙의 눈부신 활약을 한 뒤의 얘기다. 한국 탁구는 그만큼 세계 무대에서 뒤쳐져 있었다.

이렇게 여성 탁구가 세계에 얼굴을 들어낼 때만 해도 남자 탁구는 큰 활약을 하지 못했다.

이때 나타난 영웅이 김완과 김기택이다.

김완! 그의 성적을 살펴보자.

1980년 10월 체육훈장 기린상 수상
1982년 9월 체육훈장 백마상 수상
1984년 쿠알라룸푸르 남자 탁구 월드컵에서 중국 장지아랑에게 패하여 준우승
1986년 서울 아시안게임 단식 동메달
1986년 트리니다드토바고 포트 오브 스페인(PORT OF SPAIN)에서 동메달
간단히 추려봐도 화려한 전적이다.

비록 중국에 눌려 세계 대회 때마다 우승의 영광을 누리지는 못했지만 김완, 김기택은 수많은 국제 대회에서 빛나는 성과를 거두고 있었다. 그 명성은 이미 전국에 널리 알려져 탁구를 모르는 일반인들에게도 완전한 스타였다.

내가 김완 감독을 알게 된 건 참으로 행운이라고 할 수밖에 없다. 그의 탁구인으로서의 역사를 잘 알기 때문에 더욱 행운이라는 말밖

에 할 것이 없다.

마포에 '김완탁구교실'이라는 탁구장이 있다. 김완 감독이 운영하던 것을 한 지인이 인수하였는데 구장 이름만은 그냥 두겠다 하며 김완탁구교실 이름을 쓰고 있었다.

집 가까이 있어 탁구 가방을 어깨에 메고 운동 겸 구경 겸 찾아갔다. 거기서 박태준이라는 코치를 알게 되었는데 김완 감독이 운영하던 때부터 이 탁구장을 지키고 있는 코치다.

같이 칠만한 사람이 없어 박 코치와 탁구를 치고 있는데 두 여성분이 들어온다. 그리고 이들과 다시 탁구를 치기 시작했다. 잘 치는 편인데 아직은 좀 더 배울 것이 많아 보인다.

그런데 운동을 잠시 멈추고 쉬는데 박태준 코치가 그들에게 나를 인사시켜 주었다.

"이분 작가님이세요. 이번에 탁구소설 『탁림고수』를 출판했지요."

"아…… 저 알아요! 추리작가 선생님이시죠? 이번에 탁구소설 내셨다고요?"

"이럴 줄 알았다면 책 한 권 가지고 올 걸 그랬나 봐요. 하하하."

그런데 이번엔 이 여자분들을 소개시켜 준다

"이분은 김완 감독님 사모님이시고요. 이분은 처제 되시는 분입니다. 두 분 다 탁구 좋아해서 배우고 있습니다."

"네?!……"

나는 깜짝 놀라 다시 바라보았다. 김완 감독보다 부인과 처제분을 먼저 만난 것이다.

"아이구, 저 감독님 팬이죠! 탁구 치기 전부터 이름 잘 알고 있고요, 여기서 사모님부터 만나게 될 줄 몰랐습니다."

김완 감독과 함께

'탁림고수' 거기에 김완 감독이 등장한다. 거기서 '불세출의 영웅 김완'이란 명성을 붙여주었다. 이분들도 소설을 읽어서 인지, 아님 누구에겐가 들어서인지 그 사실을 잘 알고 있었다.

"제가 직접 사인해서 갔다 드릴게요. 정말 영광입니다."

"어머……영광은 저희들이 영광이죠. 작가님을 여기서 뵐 줄은 정말 몰랐습니다."

이렇게 인연은 시작되었다. 다음날 책을 선물하고 김완 감독이 찾아오고 많은 시간은 아니지만 커트 요령도 잠깐 배우고.

와…… 이런 운수 좋은 날도 있나? 탁구의 거물 김완 감독과 탁구를 치다니. 그것만으로도 내겐 더없는 기쁨이었다.

김완 감독은 자신을 '불세출의 영웅'이라 불러준 내게 오히려 고마워하고 있다.

"참. 감사했습니다. 저를 기억해 주셔서."

"기억하다니요. 탁구 치기 전부터 자자한 명성을 쌓은 분인데요."

"그런데 앞으로 자주 못 뵈올 거 같네요. 이번에 여수시청 감독으로 가게 되었습니다."

"네? 이거 섭섭해서 어쩌죠? 하지만 지도자의 길을 간다는 건 좋은 기회죠. 시간 되면 여수 한 번 놀러 가겠습니다."

그렇게 즐거운 시간을 보내고 헤어졌다. 하지만 여수 한 번 간다 간다 하면서도 짬을 내지 못했다. 마음은 여수에 있었지만 현실이 따라주지 않았다.

그렇게 몇 년이 흘러갔다. 우연히 마포구청 주최 탁구대회가 열리는 체육관에 갔다가 거기서 김완 감독을 만나게 되었다.

"아니, 언제 서울 오셨어요?"

"아…… 그렇지 않아도 연락드릴 셈이었는데. 저 아주 서울로 오게 되었습니다. 자세한 얘기는 나중에 만나서 하지요. 별일은 없으셨죠?"

"그럼요. 오늘 여기 너무 부산하니 좋은 시간 꼭 내 주세요!"

복잡한 시합장에서 이야기를 나눌 수 없어 다음으로 미뤘고 우리는 곧 다시 만나게 되었다. 여수시청 탁구부가 해체되었다는 것이다.

"당분간은 시간이 좀 될 겁니다. 이젠 자주 만나서 탁구도 치고 그러지요. 협회 일도 있고 하지만 그래도 요즘이 가장 여유롭거든요."

고맙게도, 너무 고맙게도 김완 감독은 내가 몸담고 있는 탁구장을 방문하여 회원들과 어울려 탁구도 쳐주고, 간단한 레슨도 해주었다.

탁구인은 두 가지로 분류된다. 그 하나는 엘리트 출신이고 또 하나는 생활탁구인으로 분류한다. 엘리트 출신은 김완 감독 같은 선수 출신이며 생활탁구인이라면 나같이 취미로 운동하는 사람들을 말한다. 그런데 일반 탁구장에서 유명세 타는 엘리트 선수를 만난다는 것은 하늘의 별 따기처럼 어려운 일이다. 스타급 선수 출신이 동네 탁구장을 갈 이유가 없기 때문이다. 이건 전국 어디서나 마찬가지다.

그럼에도 불구하고 날 찾아준 김완 감독은 소문 듣고 찾아온 30여 명이나 되는 회원들을 일일이 쳐주고 동작 하나하나 바로 잡아주기까지 해주었다.

그 후 김완 감독과 나 그리고 박태준 코치는 한 달에 한 번 정도 만났다. 만나면 바로 탁구장으로 자리를 옮긴다. 널찍한 탁구대를 골라 그때부터 게임에 들어간다.

이렇게 쳐라 저렇게 쳐라도 없다. 박 코치가 심판을 보면 바로 게임이다. 기술을 가르치는 것도 아니고 훈련을 하는 것도 아니다. 내가 치고 싶은 대로 치면 김 감독은 공을 받아주며 때때로 기회를 보아 공격한다. 그러니까 이 시합이 바로 실전 훈련인 셈이다.

꼭 두 시간을 쉬지 않고 시합한다. 120분간 이런 게임을 쉬지 않고 하지만 피로한 줄 모른다. 이런 기회를 다시 얻기 어렵다. 그러니 죽어라 하고 게임하느라 몸이 피곤할 새도 없다. 일흔이 넘었지만 타고난 체력이라 김완 감독도 마음 놓고 맞받아 쳐준다.

정말 120분간의 게임 중 단 1분도 쉬지 않았다.

이때가 내 탁구의 최전성기였다. 시간 내서 탁구장 가면 대개 코치들이나 고수들과 탁구를 친다. 그다지 밀리지 않는데 이건 김완 감독과 친다는 자부심과 자신감 그리고 늘어난 실력 때문이다.

그의 세계적으로 유명한 '백 스매싱'을 그때 터득했는데 탁구장에서 내 백 스매싱에 걸리면 그건 끝이다.

첫 게임을 시작하던 날, 운동을 마치고 저녁 식사를 하는데 어디론가 전화를 걸더니 나를 바꿔준다.

"작가님. 전화 받아보세요. 집사람입니다."

반가운 마음으로 휴대폰을 받아 들었다.

"안녕하셨어요? 왜 오늘 같이 오시지 그랬어요?"

"그렇지 않아도 가고 싶었는데 일이 좀 생겨서요. 다음엔 꼭 갈게요. 뵌 지도 오래 됐는데……식사 맛있게 드시고 다음에 뵈면 탁구도 좀 쳐주세요?"

그리고 후에 탁구장을 찾아 왔고, 우리는 가족처럼 허물없이 운동하고 농담하고 식사하며 시간을 보냈는데, 우리들 운동도 이제 더 이상 하기에는 어렵게 되었다.

부천시청 감독으로 부임하게 된 것이다.

그리고 나도 고질인 척추협착증이 도져 옛날처럼 강력한 힘을 발휘하지 못하고 있다

아무튼 운동하겠다며 라켓을 잡은 후, 현정화, 김완 두 감독을 만난 건 참 행운이라고 말할 수밖에 없다.

특히 나에게 더없이 잘해준 김완 감독에게는 언젠가 꼭 즐거운 보답을 하리라!

탁구로 맺은 인연들❸

장선홍 탁구 국제심판

나에게 탁구의 맛을 알게 해준 사람이 마천웅이었다면 나를 탁구계에 완전히 빠뜨려 준 사람이 바로 장선홍 현 국제심판 한국 최고 레벨 소유자다.

탁구를 배우기 시작할 무렵, 한 지인으로부터 탁구인들의 카페인 〈핑퐁조아〉를 소개해 주었다.

"거기 가입해 보세요. 배울 것이 많지요. 탁구용어, 동영상, 기술, 탁구규칙 등 그런데다 탁구인 사귀기 참 좋은 카페입니다."

"그런 데가 있어요?"

탁구에 관해서는 완전 문외한인 내게는 생수 같은 소식이다. 사실 옛날에 탁구는 좀 쳐보았지만 전문적인 용어나 기술 같은 것은 전혀 없던 시절 아닌가?

나는 곧바로 〈핑퐁조아(운영자 강경운)〉에 가입하였고 여기서 쌍수를 들고 환영해준 회원이 바로 장선홍 아우였다.

〈핑퐁조아〉를 소개해준 지인이 바로 장선홍 회원이 다니는 탁구장 회원이다. 그 탁구장을 직접 만든 인테리어이기도 하다.

나는 그가 다니는 광명시에 있는 '방정화탁구장'을 찾아가 인사를 나누었는데, 사람이 참 좋아 보였다. 10살 이상 아래라 그때부터 아우라 부르기로 했다.

그로부터 얼마 후 내게 연락이 왔다. 시간 좀 내 달라는 것이다.

"한 15~6여 명이 모여 탁구 좀 치려하는데 형님도 오셨으면 해서요."

"나 같은 초보가 낄 자리가 아닌 거 같은데? 괜찮을까?"

"우린 그런 거 안 따져요. 그리고 이번 모임은 좀 특별합니다. 전부 《월간탁구》에 대대적으로 보도되었던 사람들만 모입니다."

아! 그러고 보니 얼마 전 소설가 정건섭이 탁구에 취미를 가져 탁구를 치기 시작했고, 우리나라 최초로 본격 탁구소설 『탁림고수』를 발표하였다는 보도가 두 페이지를 장식한 일이 있었다. 그래서 초대한 모양이다.

장소는 반포동 한 아파트 체육센터인데 거기 관장 역시 탁구인 정영식이며 그 역시 탁구심판 자격증 소유자다.(후에 국제심판 자격증 획득)

이렇게 모였는데 뜻밖의 한 인사를 여기서 만났다. KBS 명사회자 임성훈 씨다. 같이 방송은 해본 일 없지만 늘 마주쳐 익히 아는 사이다.

이 체육관에서 수영도 하고 가끔 탁구도 친다고 한다.

"탁구 치시는 줄 몰랐네요. 언제부터……"

"작가님도 탁구 치시네요. 전 그저 가끔 시간 날 때나……"

오늘 게임엔 참석 못한다고 한다. 아직 그럴 실력도 없지만 스케줄도 빽빽하다는 것이다.

이날 모처럼 시간 가는 줄 모르고 게임을 했고 이런 시간이 얼마

심판 시절

나 즐거운지를 비로소 알게 되었다.
탁구의 매력에 푹 빠진 것이다.
이제부터 탁구 중독의 중증 환자가 된 것이다.

장선홍!
그 무렵 장선홍은 3급 심판자격증을 가지고 있었다.
3급 심판이라면 대한탁구협회에서 심판 양성을 위해 심판 강의를 하고 이 강의를 수료하면 다른 시험 없이 자격증을 준다. 3급 심판이면 지역 탁구대회 심판을 볼 수 있는 자격이 얻어진다.
'아! 그런 것이 있었구나!'
하는 정도로 알고 있었다. 그런데 어느 날 갑자기 영어를 다시 시작한다는 말을 한다.
"저 요즘 영어 새로 공부하고 있어요."
"영어? 아니 뒤늦게 영어는 웬!"

"국제심판자격증 따려고요. 영어 못하면 시험을 치를 수 없거든요."

와!……입에서 감탄사가 저절로 나온다.

나는 자기 발전을 위해 노력하는 사람을 제일 좋아한다. 더구나 공부한다면 쌍수를 들고 환영한다.

1년 내내 책 한 권 읽지 않는 사람이 허다하다. 그런데 어느새 국제심판자격증을 위해 영어 공부라니! 그 어렵고 힘든 영어를 더구나 국제심판자격증을 위해. 그 나이에……

현재 장선홍 심판이 가지고 있는 자격증을 Blue Badge(블루 배지)라 부른다. 이 자격증을 가진 사람은 올림픽 탁구시합 심판을 볼 수 있는 자격이 있다. 현재 국내에서는 두세 명 정도가 이 자격증 소유자인데 외국에 나가 있는 심판을 빼면 두 명 정도밖에 없다. 알고 보면 참 대단한 자격증이다. 이 자격증을 얻기 위해 얼마나 힘든 과정을 거쳐야 하나?

2006년 나를 처음 만났을 때 3급 심판자격증이 있다는 것을 말했다. 모든 시작은 거기서부터 시작된다.

2급 심판과 1급 심판은 시험을 거쳐야 한다.

그로부터 2년 경력을 쌓아야 시스템 시험, 말하자면 실기 시험이다. 이 과정을 거치고 다시 2년이 경과해야 비로소 국제심판 시험 자격을 얻을 수 있다. 이 시험에 합격하면 비로소 '국제심판자격증'을 받을 수 있다.

그러나 여기서 끝이 아니다.

블루 배지를 달기 위해서는 다시 고통스러운 과정을 거쳐야 한다.

탁구동호회원들과 함께

1차 필기시험(Advanced rules exrnination)을 거친 뒤 ITTF(국제탁구연맹) 평가관 4명에게 실기 테스트를 받고 인터뷰에 합격해야 비로소 3차 시험 자격을 얻는다.

3차 시험에서는 ITTF 평가관으로부터 20분간의 전화인터뷰(영어)를 패스해야 비로소 최종 합격증을 수여받는다. 정말 눈물 나는 과정이다.

그러나 여기에도 규정이 있다. 국제심판자격증에서 블루 배지를 다는 데는 5년 이내의 기한을 준다. 이 기간을 넘기면 자격증 시험을 치룰 수 없다.

이 과정을 거쳐 장선홍 심판이 블루 배지를 받은 것이다.

참으로 엄청난 일을 한 것이다. 나는 물론 핑퐁조아 회원들, 아니 전 한국 탁구인들의 기쁨이었다.

얼마나 자랑스러운가?

나는 서울이나 인천에서 국제 시합이 있으면 되도록 빠지지 않고 관전하러 간다. 가서 국내 선수 응원도 하는데 진짜 목적은 국제 대회 심판석에 앉아 있는 장선홍 심판을 보기 위해서다. 그 세계적인 선수들의 시합을 잘 컨트롤하며 진행하는 모습을 보면 가슴이 다 뭉클해진다. 그저 탁구장에 와서 탁구나 치고 갔다면 오늘 저 자리에 앉아 있지 못했을 것이다.

대견해 보이기도 하고 뿌듯하기도 하다.

그 모습을 보러 시합장에 가는 것이다.

장선홍!

10년 세월을 함께 보내며 마치 연인들처럼 참 많은 선물을 주고받았다. 날씨 좋은 날, 인천 연안부두를 통해 덕적도로 나들이하며 즐기는 회도 먹었고, 직접 설치해준 탁구장 초대로 같이 제주도 여행하며 행복한 시간도 보냈다.

핑퐁조아 정기 모임에서 탁구도 많이 쳤고 내 건강, 그의 사업 걱정도 같이 했다.

그렇게 함께 시간을 보내면서도 그런 엄청난 자격증을 획득했을 때 난 그 가치를 잘 몰랐었다.

아니, 그 가치를 획득한 것에 축하도 제대로 못했다. 생일이 오면 어김없이 해주던 생일 선물도 근래 2~3년 못했다. 내가 정신적으로 육체적으로 말 못할 고생을 하고 있었기 때문이다. 이제 그 힘든 세월이 다 흘러갔다.

2017년 생일 선물은 이 글로 대신하고 싶다.

정말 다시 한 번 축하하며 늘 감사한 마음 잊지 않고 있다!

아우님. 부디 건강 잘 챙기소서. 살아보니 건강이 제일입니다. 아! 돈도 많이 벌고요……

내 영혼과
추억 속의
사람들

고두심

너무나 다정다감한 스타

고두심 영화배우

몇 연예인들과의 추억 이야기를 쓰면서 고두심 씨 이야기를 뒤로 미뤄놓았다. 거기엔 이유가 있다. 다른 분들은 대개 방송하며 사귄 사람들이지만 고두심 씨는 이미 작가가 되기 전에 알게 되었다.

그러니까 김홍신 작가가 소설 『인간시장』으로 막 유명세를 타고 있을 무렵이다.

이 이야기보따리를 풀자면 먼저 내가 왜 쉐라톤 워커힐을 그만두고 시청 뒤 작은 워커힐여행사로 옮겼나를 먼저 설명해야 한다.

당시 선경그룹은 쉐라톤 워커힐호텔을 중심으로 워커힐 관광버스 그리고 워커힐여행사를 설립하여 관광 사업에 본격적으로 뛰어들었다.

말하자면 쉐라톤 워커힐이 본사고 나머지는 자사인 셈이다.

사원들은 인수할 회사에서 충당하지만 행정부서는 본사에서 뽑아 보내야 한다.

예산을 비롯, 행정지침을 받아야 하는데 이건 본사를 잘 아는 사원이어야 가능하기 때문이다.

그런데 누가 본사에서 자사로 가려 하겠는가? 대부분 회사 눈치만 보던 때였는데 의외로 내가 자진해서 워커힐여행사 관리과장을 신청했다.

내가 왜 그랬을까? 모른다. 아무도 모른다. 나는 이미 시인으로 등단한 뒤였다.

그리고 작가의 길을 가려고 작심한 때였고, 시청 뒤의 한 사무실에서 그 결의를 다지기로 했던 것이다.

사무실 뒤를 돌아보면 서울신문, 동아일보 그 맞은편에 조선일보 조금 더 올라가면 한국일보가 있다. 시청 앞 광장에서 아현동으로 가는 방면에 중앙일보가 있다.

이 신문사들을 바라보며 '반드시 저 신문들에 연재소설을 쓰고 말겠다'는 집념과 결의를 다지기 위해서다.

일단 회사가 안정권에 들어섰다.

나는 언제부터인가 사원들과 점심 식사를 같이하지 않았다. 그 시간 서둘러 식사를 하고 신문사들을 돌아보고 있었다.

그러던 어느 날, 우연히도 바로 옆건물 코오롱빌딩 지하상가로 들어섰다. 커피나 한 잔 하고 들어갈 심산이었는데 거기 보이지 않던 서점 하나가 눈에 들어온다.

'斗心 서점'이라는 간판이 있고 잘생긴 남자 하나가 서점을 지키고 있다.

나는 커피를 포기하고 서점으로 들어섰다. 주인인 듯싶은 이 사람은 정말 보기 드문 미남인데 서점이나 할 그런 분위기가 아니었다.

"안녕하세요? 못 보던 서점인데 언제 문 여셨어요?"

"아 얼마 되지 않아요. 많이 이용해 주세요! 사무실이 이 근처신가요?"

나는 명함을 건네주었다. 바로 옆건물이다.

"아, 과장님이시군요. 많은 부탁드립니다."

"저 지금 현역 시인입니다. 옆에 서점이 생겨서 정말 다행이네요."

"시인이시군요. 영광입니다."

청하는 악수를 받고 의문이 있어 물었다.

"그런데 서점 이름이 특이하네요? 두심서점! 무슨 특별한 의미라도 있나요?"

"아…… 집사람이 고두심입니다!"

"네? 탤런트 고두심 씨? 그럼 부군 되시는군요."

"네, 아마 저녁 6시쯤 올 겁니다. 시간 되시면 잠깐 들리세요. 인사라도 나누시게!"

"좋지요. 그럼 전 먼저 사무실 가 봐야 하겠습니다."

"집사람 오면 전화드릴게요."

이렇게 인연이 맺어졌다.

나는 한국일보에 발표했던 시가 실린 신문과 경향신문에 게재된 기사를 스크랩하여 선물로 주었고 고두심 부부는 가끔 저녁도 사고 커피도 마시며 친분을 맺었다.

어느 날 고두심 씨가 촬영이 없어 서점에 좀 일찍 온다는 연락이 왔다.

'잘됐다' 싶어 난 인기 고공행진을 하는 김홍신을 서점으로 초대했다.

드라마의 한 장면

김홍신과 고두심의 첫 인사가 이루어졌다. 스타 연기인과 스타 작가의 만남이다.

서점 진열대엔 『인간시장』 소설이 10권이나 진열되어 있다. 나는 『인간시장』 두 권을 구입하여 직접 사인받아 이들 부부에게 선물했다.

책값을 안 받으려 했지만 그건 내가 허락하지 않았다. 작가에게 가장 기쁜 건 책을 사 주는 일이기 때문이다.

그리고 얼마 후 고두심 씨는 몇 연예인을 비롯한 사람들을 모아 놓고 문학 강연회를 열었다. 김홍신과 나 그리고 당시 노벨문학상 후보작을 올린 한말숙 선생님이 강사로 나섰다. 한말숙 선생님은 개인적인 친분이 두터워 내가 추천하여 강의를 듣게 되었다.

『神과의 약속』이라는 유명한 단편소설 작가다.

이 행사는 의외로 뜨거웠는데 이날 스타는 단연 김홍신 작가였다.

나는 지금도 또렷이 기억하고 있는 그의 강연 한 구절을 외우고 있다. 모두를 웃음바다로 만들면서도 숙연한 내용이다.

"백인들은 자만심에 빠져 우리를 유색인종이라 부릅니다. 여러분 이 말이 맞습니까? 아닙니다. 우리가 유색인종이 아니라 그들이 탈색인종입니다."

와…… 박수소리가 강연장을 울렸고, 웃음소리가 귀를 찢었다. 이 멋진 말을 난 지금도 기억하고 있으니 얼마나 통쾌한 말이었으면 그럴까?

1982년 말 저녁 어느 날 고두심 씨와 나는 서울 근교 한 식당에서 심각하게 뭔가를 상의하고 있었다.

"정말 회사 사표 내실거예요?"

"네. 사실 작년부터 내려했지만 기회를 얻지 못했어요. 김홍신이 대박을 터뜨려 이에 자극받아 사표 낸다 라는 말을 들을 수 있었기 때문이었죠. 하지만 지금은 그런 말 안 나올 테고 또 준비도 잘해 놓았기 때문입니다. 내년엔 집필하고 소설가로 다시 등단해야 합니다."

"제가 말씀드렸잖아요. 사표 내시고 조금만 저희들 도와주세요."

남편분이 도저히 서점 운영을 못하겠다는 것이다. 그래서 본격적으로 새 사업을 시작하려는데 워낙 경험이 없어 누군가의 도움이 꼭 필요하다는 것이다.

선경그룹. 직원 1천여 명이나 되는 회사 워커힐에서 잔뼈가 굵었다. 이 작디작은 회사 기초만 튼튼히 만들어 주고 소설을 시작하면 안 되겠느냐 는 간곡한 부탁이다.

이 부탁을 거절하기는 정말 어려웠다. 그래도 그간 쌓은 정이 있지 않은가?

처음 만났을 때부터 고두심 씨는 정말 학교 모범생 같아 보였다. 말을 해도 소근소근, 얼굴도 맑디맑은 데다 무엇이든 조심스러운 성격이다. 그리고 항상 친절하다.

그에 비해 남편분은 호탕한 성격이어서 갇혀있는 것을 참지 못한다. 이러니 좁은 서점이 마음에 들리가 없다. 그래서 새 사업을 시작하는데 기초만 만들어 달라는 것이다.

생각 끝에 그러기로 했다. 단 넉 달 만이다. 고두심 씨는 내내 같이 있어 주기를 바랐지만 나도 내 갈 길이 있다.

여의도에 사무실을 얻고 시장조사, 출입금 장부, 예산, 예상수익, 손익분기점 등을 작성하였고 사무실 운영에 필요한 집기를 사 들였다

원래 내 진짜 포지션은 '기획'이다. 이 작은 회사 만드는 것은 그리 어려운 일이 아니다.

그러나 문제는 경영이다. 아무리 생각해도 사업성이 없는 회사다. 서너 번 사업성에 대해 부정적 견해를 밝혔지만 이미 엎질러진 물이다.

참 많은 고민을 하고 회사를 떠났다. 아무리 보아도 또 서점처럼 돈만 쓰고 결실은 없을 거 같아 보였다.

떠나는 발길도 참 무거웠다.

1983년 봄부터 초여름까지 두 권의 소설을 끝내고, 첫 작품『덫』을『장길산』『法典』으로 유명한 현암사에서 출간, 대대적인 성공을 거두었다. 두 번째 작품『5시간 30분』은《여원》《직장인》여원 출판국을 가지고 있는 여원에서 출간했다.

다행이도 이 작품도 성공이다.

나는 어느 날 시간을 내어 여의도 전 회사를 찾아갔다. 하지만 이미 문을 닫았다는 경비원의 설명을 들어야 했다.

떠날 때만큼이나 발길이 무거웠다. '끝까지 도와주실 수는 없나요?' 이 말이 귓전에서 떠나지 않는다.

내가 좀 더 도와준다 한들 어차피 시장성 없는 사업이었다.

그리고 후에 더 충격적인 소식을 듣게 되었다. '이혼' 했다는 보도였다.

나는 안다. 이 두 분을 나처럼 더 잘 아는 사람이 또 있을까?

포르투갈 국제회의에 참가하기 위해 준비차 나갔다가 우연히 부딪치게 되었다.

축하한다는 인사를 받았고 내일 유럽으로 떠나니 다녀와서 만나자는 약속을 하고 헤어졌지만, 그게 마지막 만남이었다.

다정다감하고 소박한 고두심 씨. 그 속사정 내가 알지만, 이혼의 이유 내가 알지만, 내가 바라는 것은 지난일 다 잊고 지금처럼 끝까지 훌륭한 연예인으로 남아 달라는 부탁뿐이다.

고두심 씨. 옛날이나 지금이나 전 영원한 팬입니다. 나머지 삶 부디 건강하게 행복하게 사세요!

내 영혼과
추억 속의
사람들

손길승

최신원

경제계 인사들

손길승 전 SK 명예회장 **최신원** SK네트웍스 회장

쉐라톤 워커힐에 근무하고 있을 때였다.

이전에는 국제관광공사 소속으로 반 국영기업체였지만, 박정희 대통령의 관광육성정책에 따라 민간기업으로 넘겨 민영화시켰다. 이 워커힐을 현 SK그룹, 당시 선경그룹에서 인수하여 쉐라톤 워커힐이 되었다.

쉐라톤 워커힐 기획심사과에서 예산편성, 각 부서 예산 배당을 담당하고 있을 때였는데 사무실로 내게 한 통의 전화가 걸려왔다.

"건섭이니? 나 강선이야, 이강선!"

"강선이? 충주 이강선인가요?"

"그래, 너 거기 있는 거 알고 전화한 거야!"

"맞구나. 그런데 넌 어딨어. 무슨 일하고……! 반갑다!"

고등학교 동창이다. 그것도 가까운 사이였다. 그러니 날 찾아 전화까지 한 것이겠지.

"나 선경 본사 수출부에 있어! 시간 내서 한번 놀러 갈게!"

아! 같은 선경에 있었구나. 반갑기도 하고 놀랍기도 하다. 흔히 있을 수 있는 일이지만 가까운 친구와 한 회사에 근무한다는 것은 반갑기 그지없는 일이다.(이강선, 이 친구는 후에 동아일보 수기 모집에 당선되어 화제가 된 일이 있었는데 수출 관련부서에서 근무를 하며 있었던 애환을 그린 수기였다.)

이렇게 다시 만난 이강선은 뜻밖의 말을 전해준다.

"건섭아. 워커힐에 이만수 관리이사(앞서 탁구시합 때 전폭적인 지원을 해주셨던 이사) 여기 있지?"

"응…… 아, 그렇지 참. 선경 본사 출신이지! 잘 알아?"

"알기만 해? 형님이야 사촌. 옛날에 충주서도 잠깐 사셨어."

인품이 좋아 사원들에게 인기가 좋으신 분이다. 그 관리이사가 강선이 형뻘이란다.

"네 얘기 했었지. 그랬더니 착실하게 잘 근무하고 있다고. 내 친구라는데 참 반가워하시더라."

"공연히 부담 가시게 하는 거 아냐?"

"아냐 걱정 마. 너만 잘하면 돼! 또 학교 시절 네 얘기도 많이 했고. 그 성품 어디 가겠니?"

이렇게 친구를 만나게 되었고 이만수 이사는 늘 내게 문을 열어두고 여러 애로사항을 듣고 해결해 주셨다.

그런데 어느 날 이강선으로부터 또 전화가 왔다.

"야, 건섭아. 내 한가지 정보를 줄게. 시키는 대로만 해! 거기 워커힐에 선경연수원 있잖아. 사원 교육시키는!"

"응!"

"이번에 거기 연수원장으로 손길승이란 분이 부임해 가는데, 지금 회사 사정상 좀 밀려서 가는 거지 앞으로 틀림없이 선경그룹 대들보 되실 분이야. 자주 찾아뵙고 좋은 말씀 많이 듣고 배워. 정말 훌륭하신 분이니까! 또 소탈하셔서 찾아가 뵈면 좋아하실 거야."

"응 알았어. 고마워……"

훌륭하신 분이라면 밤길이라도 찾아가는 성격이다.

선경그룹에서 연수원장이라면 이건 한직이다. 하지만 이게 내게는 좋은 기회가 되었다. 이강선이 괜히 전화를 걸었겠는가? 나는 연수원장으로 부임해 온 일주일 후부터 자주 찾아가 뵈었다.

점심 식사가 끝나면 산책이나 하고 신문이나 보던 원장님은 일부러 찾아와 인사하고 좋은 말씀 들려달라는 나를 싫어할 이유가 없다.

사원들의 꿈이야기, 때로는 미래 꿈이야기 그리고 인생을 살아가는데 필요한 이야기 등이다.

손 원장님은 나를 무척 아껴주었다. 다른 일반 사원들과는 분명 다른 점을 발견한 것이다. 대화가 깊어질수록 나를 이해하는 깊이도 달라졌다. 보이지 않으면 궁금해할 정도였다.

그런데 한 번은 이분을 아주 곤혹스럽게 만든 일이 터졌다.

당시 선경그룹은 중간간부 육성에 많은 힘을 기울이고 있었다. 앞으로 선경그룹을 이끌어 갈 재목은 이들 중간간부들 중에서 나와야 한다는 최종현 회장의 기업철학 때문이다.

그래서 생긴 것이 '과장 연수'다. 각 회사 과장급을 모아놓고 교육도 하고 회장이 직접 참석해 강연도 하고 대화도 나누는 소통의 시간이다.

또 회사의 모토를 만들었는데 이것이 '사람은 떠나도 기업은 영원하다'였다.

"언젠가는 우리 모두 떠납니다. 하지만 우리 선경그룹은 영원할 겁니다. 나도 여러분도 우리가 있을 때 우리를 이어갈 후배들을 위해 선경그룹이 영원하기 위해 최선을 다해 노력합시다."

이어서 소통의 시간이다.

이날 사회를 손길승 연수원장이 했다

"과장급 여러분은 우리 기업의 척추입니다. 앞으로 선경은 여러분 것이며 떠난다 해도 역시 선경맨으로 남을 것입니다. 회장님께 질문 있으면 누구라도 맘껏 해주십시오. 회장님 자주 뵈올 수 없으니 허심탄회, 하고 싶은 말 다 하시기 바랍니다."

하지만 회장님이다.

부장도 어려워 쩔쩔 매는 곳이 대기업 구조다. 하물며 회장 앞에서 누가 나서서 질문하고 답을 들으려 하겠는가?

장내가 조용해진다. 회장은 계속 서서 질문을 기다리고 있다. 안 되겠다 싶어 내가 일어섰다. 정말 하고 싶은 말이 꼭 있었다.

선경그룹이 기업을 만든 본래 설립자는 최종현 회장의 형 최종건 씨다.

그런데 불행하게도 워커힐 인수 후 암이 발견되어 일본으로 미국으로 치료차 찾아갔으나 예나 지금이나 암을 극복하지 못하고 타계하였다.

형은 동생 최종현 당시 회장을 미국으로 보내 기업경영에 대한 철저한 공부를 시켰다. 그리고 형이 타계하고 회장 자리에 올라 지금의 선경그룹을 이끌고 있다.

그의 가장 큰 업적은 열악하던 국영기업체 대한석유공사를 인수하여 유공(油公)으로, 다시 SK-OIL로 만든 것이다. 이것은 선경이 5대 그룹으로 진입하는데 결정적인 계기가 된다.

자리에서 일어선 나를 배석한 선경 참모진과 손길승 원장 그리고 회장까지 모두 지켜보고 있었다. 본사도 아닌 자사의 과장이다. 질문이 더 이상 없으면 끝내려던 참이다.

"질문 있으면 해 보세요."

회장이 나를 바라본다.

"회장님. '사람은 떠나도 기업은 영원하다' 라는 지침은 참으로 깊은 기업경영 철학이라고 봅니다. 그렇다면 회장님은 언제쯤 어떻게 선경을 떠나실 건지, 떠나시면 후계자는 어떻게 정하실지 궁금합니다."

"!"

다들 놀라고 긴장하여 숨소리도 들리지 않는다.

하지만 회장은 천천히 머리를 끄덕인다.

"참 용감한 질문했습니다. 하하하."

아마 긴장들 풀으라는 뜻이리라.

"예. 언젠가는 저도 떠납니다. 하지만 지금은 아닙니다. 여러분처럼 지금은 떠나지 못합니다. 하지만 우리 기업이 세계적인 기업이 되고 내가 내 능력으로 더 이상 할 것이 없으면 전 떠날 겁니다. 당연히 후계자가 필요하겠지요. 나는 인재를 찾습니다. 그래서 이런 과장 연수도 하는 거구요. 만일 내가 마음 놓고 맡길 인재가 나타나면 전 언제든 나와 같은 선상의 자리를 드려 내가 떠날 때까지 함께 할 것입니다. 지금부터 그런 인재를 찾을 겁니다. 우리 선경그룹 내에서 반드시 나타날 겁니다."

사실 내 속내는 다른 곳에 있었다.

회장이 물러갈 때가 되면 아들에게 물려줄 것이다. 그런데 그에게는 형 최종건의 아들들이 있지 않은가?

내 속내는 형의 아들 최신원을 생각하고 있었다. 지금은 아직 어리지만 언젠가는 크게 성장할 것이고, 그렇다면 회장은 당연 형의 아들이 이어받아야 한다.

하지만 내 속내를 누가 알랴?

그런데 나도 몰랐던, 죽어도 알 수 없는 회장의 속내가 있었다. 물론 오랜 시간이 지난 후에 알게 되었지만 이 기업을 같이 끌어갈 인재, 같은 선상에 올려놓고 함께 일할 인재, 최 회장의 속내에는 손길승 현 연수원장이 있었던 것이다.

일개 자회사 과장과 선경의 총수 회장 간의 질의, 응답은 이렇게 끝이 났다.

회장은 대단히 만족스러운 표정이었고 박수소리와 함께 회장은 먼저 자리를 떴다.

형의 아들 최신원!

내가 그를 처음 본 것은 그가 23~24살쯤 군에 있을 때였다. 그는 해병대 출신이다.

2017년 현재 회장 최태원은 얼굴도 심지어 목소리까지 최종현 회장을 꼭 빼닮았다. 그런데 최신원 현 SK네트웍스 회장은 부친이신 최종건 회장과 더 꼭 빼닮았다.

얼굴, 심지어 걷는 모습까지 빼박았다.

그런데 어떻게 자회사, 일개 사원이 고인이 되신 회장 아들까지 알게 되었을까? 어떻게 그룹 속내까지 속속들이 잘 알고 있을까?

나는 삼청동에 있는 자택까지 자주 드나들었다. 그럴 이유가 있었다.

그리고 워커힐 근무시 시인으로 등단했고 선경 본사에서는 회사 사보 편집기자로 나를 임명해 주었다. 한 회사에서 두 가지 일을 한 것이다.

사보 편집회의 때는 그룹 전체의 성과를 홍보하는데 필요한 모든 자료들이 튀어나온다.

그룹 전체의 돌아가는 사정을 자연히 알게 된다. 또 하나 쉐라톤 워커힐 이만수 관리이사는 나를 워커힐 주요 간부로 만들기 위해 엄청난 트레이닝을 시켰다.

기획실에서 자재 구매 부서인 구매과로, 다시 경리에 문외한 나를 경리 회계과로, 다시 홍보과로 뺑뺑이 시켰다. 회사 모든 업무를 알아야 한다는 것이다.

이렇게 관리직을 돌게 한 후 회사업무를 총괄하는 총무과까지 보냈다. 많은 경험을 쌓으라는 것이다.

최종건 회장은 가끔 삼청동 자택에서 파티를 열었다. 비즈니스 관계거나 외국 주요 바이어들이 오면 친밀감을 위해 자택 파티를 연 것으로 기억된다.

워커힐에서 이 뒷바라지를 한다. 일종의 출장파티다. 국내 최고의 요리사, 식자재가 있는 곳이 아닌가?

그런데 이 모든 뒷바라지 지휘를 이만수 이사는 내게 맡겼다.

그런 이유로 삼청동 회장 자택을 드나들게 되었고 이런 일로 최신원 아드님과 낯을 익혔다.

행사가 끝나고 돌아갈 무렵이면 회장은 고생했다면서 늘 어깨를 두들겨 주었다.

선경그룹의 총수. 정말 어렵고 또 어려운 자리다. 또 겉으로 보기에는 무뚝뚝하고 무서워 보이지만 얼굴을 익히면 참 다정다감한 분 같았다.

앞에서 말했듯이 박태준 총리 얼마나 엄하고 근엄했던 분인가. 하지만 마음을 주고받으면 그만큼 다정한 분이 다시는 없어 보였듯 최종건 회장도 그렇게 자상한 면이 있었다.

내가 속내로 최신원 회장을 생각한 것은 단지 이런 일 때문이 아니다.

그 시절 재벌 총수 아들이면 어떻게 빠지든 군대를 안 갈 수 있는 위치에 있었다. 또 실제 그런 일이 빈번했다. 하지만 회장님은 아들이 해병대 가는 것을 말리지 않았다.

또 최신원 당사자도 육군이 아닌 훈련이 엄하기로 유명한 해병대를 직접 찾아가 입대했다. 나는 이의 가치를 높게 평가한 것이다.

물론 20대 초반, 아직 철들기 힘든 나이지만 그 용기와 결단이라면 후에 선경그룹을 이끄는 총수가 된다고 해도 이상할 것 하나 없다는 판단이었다.

게다가 그는 이만수 이사를 잘 따랐고 이만수 이사도 단지 총수 아들이라는 것만이 아닌 사적으로도 잘해 주었었다. 그러면 서로 친밀감을 갖게 되는 것이다.

휴가나 외출 나오면 가끔 워커힐을 찾아온다.

전에 삼청동 자택에 가면 회장이 내 등을 두드려 주었듯, 아드님은 워커힐을 찾아오면 내 등을 두드렸다. 돌아보면 깔끔한 해병대 제복이나 수수한 사복 차림이다.

그럼 나는 이만수 이사에게 안내하여 자리를 마련해준다.

이만수 이사나 나는 회장이 그를 얼마나 엄격하게 키우시는지를 잘 알고 있다.

그래서 나는 최종현 회장이 후계자로 물려주어도 아무 문제 없을 거라 생각한 것이다.

작가가 되기 위해 사표를 낼 때 이야기다.

어디서 소식을 들었는지 손길승 전무께서 이 사실을 알고 현 자리가 어려우면 홍보실 과장으로 추천하겠다 라는 말씀이 있었다. 라는 소식을 들었다.

글 써서 밥 먹고 살기가 쉬운 일인가? 더구나 회사원이 느닷없이 소설가로? 글에 취미가 있다는 건 사보를 통해 잘 알지만, 취미와 직업은 전혀 다른 세계가 아닌가? 하지만 나는 속으로 분명히 대답했다.

"정말 감사합니다. 하지만 꼭 성공해서 멋진 자리에서 멋지게 뵙겠습니다."

드디어 작가가 되었다. 내 얼굴이, 내 이름이 신문으로 방송으로 쏟아지고 있을 무렵 우연히 조선호텔 로비에서 최신원 회장을 만났다. 그는 반갑게 손을 내밀며 축하해 주었고 나도 내 바람대로 훌륭한 기업인으로 성장해 가는 모습이 참 좋아 보였다.

그는 지금 다 알다시피 사회에서 존경받는 기업인이 되었다. 사회에 기금도 많이 내고 미담도 많이 남기고 있다.

가끔 뉴스에서 얼굴을 만나보면 참 반갑기 그지없다.

그랬다. 최종현 회장님 말씀도 옳았다.

사람은 떠나도 기업은 영원하다. 나는 떠났어도 선경은 여전히 명성을 날리고 있고 나 또한 선경 출신임이 아직도 자랑스럽다.

손길승 회장은 선경 전체의 명예회장까지 되었다.

최종현 회장이 찾고 찾던 인재를 옆에서 구한 것이다.

내가 마지막 만난 자리는 정말 영광스러운 자리였다.

“작가님. 저 문화부장입니다.”

《매일경제》 문화부장이다. 한참 연재 중이어서 상의할 일이 있나? 했는데.

“이번 금요일 저희 신문 창간기념일입니다. 꼭 참석해 주십사 해서요.”

“아! 그러세요? 축하합니다. 화환이라도……”

“아닙니다. 몸만 오세요. 명찰도 만들어 놓겠습니다.”

창간기념 연회장은 많은 사람들로 북적였다. 경제지인 만큼 많은 경제계 인사들이 모여들었다. 오래전 스포츠조선 창간기념일에도 초청받아 간 일이 있다.

그때는 ‘스타의 밤’이라는 명칭을 달았다.

주로 스포츠인, 연예인, 방송인 등 문화 연예계의 쟁쟁한 스타들이었지만 낯이 익거나 친한 스타들이 많아 어색하지 않았는데 이곳은 좀 달랐다. 재계 인사들, 금융계 인사들, 재계 관료들이 대부분이다.

장대환 매경 회장에게 축하 인사를 나누고 편집국장과 이덕림 문화부장과 반갑게 인사를 나누었다.

이때다. 한 분과 눈길이 마주쳤다.

반가운 마음에 달려갔다. 손길승 회장이다.

"어떻게 오셨어요? 저 기억하시죠?"

"하하하. 왜 몰라보겠어? 건강은 괜찮지? 글 쓰느라 힘든 일 많을 거야. 잘했어! 걱정 좀 했는데……"

"감사합니다. 자주 찾아뵈어야 하는데……"

"아냐. 난 신문에서 매일 만나고 있어! 늘 자랑스럽고 고맙게 생각하고 있지."

내 걱정을 해주시던 분이다. 그리고 이날 누구보다 반가운 분이다.

그 후로 뵙지도 못했고 연락도 못했지만 가슴속 깊은 곳에는 언제나 따듯하게 자리 잡고 있는 얼굴이다.

후에 안 사실이지만 손 회장의 사모님이 시조시인이란 것을 후에 알았다.

선경에서 인연 맺은 두 분, 오래 기억할 것이다.

참 아쉬운 일이라면 인품 좋던 이만수 이사가 일찍 타계한 일이다.

작가로 다시 태어난 나를 그리 기뻐해 주시던 분이……

내 영혼과
추억 속의
사람들

이지연

내가 만난 방송인

이지연 전 KBS아나운서

지금 젊은이들은 잘 모를 것이다.

1983년 KBS는 이산가족 찾기 열풍으로 뜨겁게 달아오르고 있었다. 6 · 25전쟁으로 헤어진 가족, 길에서 잃어버린 가족을 찾아주는 캠페인 방송이었다. 당시 방송국 건물은 찾는 사람 이름과 헤어진 장소를 써놓은 글로 빼곡했고, 잃어버린 가족을 찾은 사람들은 서로 끌어안고 통곡을 멈추지 못했다. 이를 보는 시청자들 역시 눈물바다였다.

건국 이래 이렇게 온 국민을 하나로 만든 것은 월드컵 때와 이산가족 찾기 방송이 전부였을 것이다.

……누가 이 사람을 모르시나요? 란 노래는 전국으로 울려 퍼져 갔고 아나운서는 목이 메어 방송을 제대로 못할 지경이 되었다.

이 방송을 진행한 주인공이 유철종 아나운서와 이지연 아나운서였다.

전문 방송인이 아닌 내가 5~6년 마이크를 잡고 방송했다면 이건 꽤 오래한 셈이다. 그동안 많은 사람을 만나고 헤어지고, 정들이고 친했던 사람들이 하나 둘이 아니다. 사람 좋아하는 나이니 더욱 그랬다. 그런데 같이 오래 방송을 해도 별달리 친해지지 않는 사람도 있고, 잠깐 방송하고도 오래 친분을 유지한 사람도 있다. 바로 이지연 아나운서가 그런 케이스다.

처음에 어떻게 만나 어떻게 친해졌는지 분명하게 기억나는 사람이 있고, 또 언제 어떤 인연으로 친해졌는지 분명한 기억이 없는 사람도 있다.

가수 길은정이 그랬고 이지연 아나운서가 그렇다. 언제부터 친해졌는지 분명한 기억은 없지만 방송 틈틈이 김영자라는 멋쟁이 리포터(후에 대북방송 아나운서로 승진)와 함께 맛있는 식당을 찾아 다녀 '먹자 클럽'이라는 이름까지 만들 정도였다.

이지연 아나운서와 친해진 건 지금 생각해도 성격이 비슷해서일 거다.

호탕하고 거리낌 없고 마음이 열려 있어 어쩌다 방송 끝나고 복도에서라도 마주치면 옛 친구처럼 반가워했다.

일본과 중국에서 내 책이 출판되었을 때 그리 반가워하며 방송 중인데도 일본, 중국이 아니라 유럽에도 진출하기 바란다며 축해해 주었다.

그런 이지연 아나운서가 궁지에 몰린 나를 구해준 일이 있다.

"?"

이지연 씨가 이 글을 읽으면 이게 뭔 소리여? 내가 언제? ……하겠지만, 사실이 그렇다.

서울서 먼 거리인 고향 충주에 서재를 만들어 놓고 글을 썼다는 말은 몇 차례 한 일이 있다.

당시 박철언 자민련 수석부총재가 출판기념회에 찾아오고 또 몇 차례 놀러온 일이 있다. 박태준 전 포철 회장이 자민련 총재로 부임 후 충주를 찾아왔고 세미나까지 열었다.

늘 이분들과 함께 어울렸다. 내가 충주에 없었다면 시간을 만들어 충주까지 찾아올 이유가 없는 분들이다.

그런데 이게 문제가 되었다.

"정건섭 충주에서 국회의원 출마 준비 중?"

고향에 서재를 만든 것이 문제의 단초였고, 자민련 총재, 수석부총재가 드나드니 이런 말이 돌 수밖에 없는 상황이 되었다.

이 소문의 진원지는 조선일보와 한국일보였다. 양 신문사의 가까운 국장들이 차나 마시자며 불러 이에 대한 진실을 알고 싶어 했다.

조선일보 기자 출신 킹 메이커 故 허주 김윤환 씨도 언젠가 자신의 여의도 개인 사무실이 있는 한서빌딩으로 초청하여 차를 마시며 나눈 이야기도 이런 이야기였다.

당시엔 주간조선과 매일경제에 열정적으로 소설과 시사 칼럼을 쓰던 시절이다.

"다른 데 헤매지 말고 나와 손잡자!"라는 것이다.

그런데 이번에는 구체적인 이야기다.

"자민련 전국구로 갈 겁니까? 아님 지역구로 갑니까?"

"하하하. 전 정치 안 합니다. 그럴 인물도 못되고요. 헛소문 난겁니다."

"정 선생! 나와 이러기입니까? 하하하. 국회 가는 게 뭐 어때서요. 솔직히 말씀해 주세요!"

이건 이미 나의 국회 진출을 확정해 놓고 하는 말이다. 여차 하면 기사라도 금세 올릴 심산 같다. 일이 커져 버렸다. 박태준 총재와의 관계는 그게 아니다. 그분들에게도 단 한 번도 국회 진출 말을 한 예가 없다. 나는 자민련에 입당조차 하지 않았다. 당에 입당도 하지 않은 사람이 무슨 국회의원에 진출을 한다는 말인가?

하지만 신문사에서는 내 말을 전혀 믿으려 하지 않았다.

그리고 후렴처럼 하는 말이 있었다.

"김홍신 의원 보세요. 잘하고 있잖아요? 정 작가님도 못할 거 없잖아요!"

하하하. 기가 찰 노릇이다.

이럴 때마다 속으로 나는 이렇게 대답한다.

'나만큼 김홍신 잘 아는 사람 몇이나 될까요? 내가 홍신 형 반만 해도 국회 가겠수! 하하하.'

그러나 일파만파 소문은 수그러들지 않았다. 기자들이 집에 놀러 와서까지 진실이 뭐냐며 채근댄다.

이러다 정말 기사라도 써버리면 나는 낭패를 당할 수밖에 없다.

이를 어쩐다? 잘못하면 다른 신문사까지 소문이 퍼질 기세다.

이때다. 마치 하늘이 돕는 것처럼 생각지도 않게 돌파구가 생겼다.

한 통의 전화였으며 전화를 걸어준 사람은 다름 아닌 이지연 아나운서였다.

"정 작가님. 요즘 어떻게 보내세요. 아직도 시골서 글 쓰시는 거예요?"

목소리만 들어도 안다.

"아…… 아이고 정말 오랜만입니다. 여전하시죠?"

"방송 그만 두시더니 통 얼굴을 못 보겠어요? 이번주 서울 좀 올라오세요. 부탁할게 있어요!"

"부탁요? 부탁할게 있나요? 그저 이래라하면 이래고, 저래라하면 저러면 되는 거지 하하하…… 근데 뭔 일 있어요?"

"하여튼 작가님은 여전하셔. 호호호. 다른 게 아니라 제가 진행하는 토크쇼가 있어요. 한 시간인데 출연 좀 해 주세요. 무조건 올라오세요."

"토크쇼지만 테마는? 뭘 준비해야죠?"

"아따 방송 하루이틀하셨어요? 그냥 토크쇼예요. 추리소설에 관한 거. 살아온 이야기, 앞으로의 계획 같은 거. 저하고 대화식으로 하시면 돼요. 질문할 거 만들어 놓았지만 척이면 착 아녜요? 호호호. 눈빛만 봐도 뭔 말 듣고 싶은지 다 알 텐데."

이때 머리를 스쳐 가는 빛줄기 하나가 보인다. 아! 이때다. 정계 나갈 소문을 잠재울 방법은…… 하늘이 돕는군.

"무조건 올라가죠. 이지연 씨 오랜만에 얼굴도 좀 보고 밀린 얘기도 하고."

이지연 아나운서를 만나면 언제나 즐겁다. 유쾌하고 상쾌하다. 분위기를 만들 줄 알고 상대를 마음 편하게 해준다. 방송에 게스트로 출연하면 마음이 떨리게 마련인데 이지연 아나운서는 마치 백년지기처럼 편하게 해준다. 안타까울 때는 같이 마음 아파해 주고 즐거운 이야기가 나오면 마치 자기 일처럼 즐거워 해준다.

얼굴을 국민은 다 알 것이다. 외모부터 얼마나 편하고 친근하고 아름답게 생겼는가?

적지 않은 시간을 함께 보냈지만 한 번도 어색해본 일이 없다.

내가 오랫동안 방송을 할 수 있었던 원동력도 이런 힘 때문이었는데, 난 대화를 할 때마다 '참 근사한 아나운서다'라는 느낌이 안 들 때가 없었다.

드디어 방송이 시작되었다.

말이 MC고 게스트지 둘 다 방송엔 프로 아닌가? 게다가 오랜 세월 함께 보냈으니 호흡이 척척 맞아 떨어질 수밖에 없다. 방청석에서는 웃음소리가 끊이지 않았고 박수소리가 계속 터져나왔다.

예컨데,

"정건섭 작가님은 왜 남들이 별로 안 하는 추리소설을 쓰시게 되었나요? 특별한 이유라도 있으셨나요?"

"예! 있지요. 분명한 이유가 두 가지 있습니다."

"두 가지 이유가? 그게 뭔데요? 참 궁금하네요."

"네, 그 하나는요? 아직 국민들이 추리소설에 대한 인식이 별로 안 좋다는 겁니다. 단순한 오락 소설로 알거든요. 거기에 대한 책임은 물론 작가들에게 있겠지요. 전 정말 추리소설의 매력이 무엇인가? 거기에 문학성은 없는가? 전 품위 있고 매력 있는 추리소설을 쓰고 싶었습니다. 폭력성, 성적 호기심 따위가 아닌 기막힌 두뇌플레이와 사건을 풀어가는 긴장, 인간의 새 발견을 범죄를 통해 찾고 싶었죠. 바닥엔 휴머니즘을 깔고. 이것으로 제 개성 있는 작품을 쓰고 싶었습니다. 뭐랄까 좀 신선한 새 스타일의 추리소설을 쓰고 싶었지요."

"예, 맞아요. 선생님 작품엔 휴머니즘이 있어요. 상상하기 어려운 두뇌플레이는 기본이고요. 저도 애독자거든요? 그래서 독자분들께

사랑받는 게 아닌가 합니다. 그런데 또 하나 다른 이유는요?"

"아…… 이게 중요합니다. 제가 가장 보고 싶었던 사람이 있었습니다. 제가 성공하면 어떻게든 이분을 만날 수 있겠다 생각했지요. 어느 정도 성공하니 이름을 얻게 되었고 이름을 얻으니 좀 유명해졌지요. 이게 힘이 되어 그분을 만나게 되었습니다. 저로서는 소원을 푼거죠."

"어? 그런 일이 있었어요? 그래서 만나셨군요? 혹 누구신지 말씀하셔도 되나요? 옛 애인이었거나. 잃어버린 옛 친구이던가."

"아닙니다. 그런 차원이…… 제가 정말 좋아하는 여성 스타였지요. 제가 열렬한 팬이거든요. 추리소설 써서 유명해지면 반드시 만나보고 말겠다고 다짐했었어요!"

"어머! 누구실까? 그런 행복한 분이. 지금 밝히실 수 있나요?"

"그럼요. 뭔 큰 비밀이라고? 오래전 한국을 발칵 뒤집어 놓은 '이산가족 찾기'의 이지연 아나운서라고 있습니다. 그분입니다."

와 하하하…… 방청석도 이지연 아나운서도 웃음을 참지 못했다.

이렇게 때로는 긴장으로, 때로는 웃음으로 호흡을 맞춰가며 방송은 계속 진행되고 있었다.

이제 정치를 말할 시간이 되었다. 이건 사전에 조금 약속된 내용이다.

"몇몇 문인분들께서 정치인이 되었는데 작가님은 그런 뜻 없으신가요?"

"정치요? 하하하. 저를 아는 사람은 내 성격을 잘 알지요. 자유분망하고, 가식 없고, 속내와 겉이 다르지 못하고, 정치를 하려면 때로는 뻔뻔하기도 해야 하고, 마음과 말이 다를 수도 있는데 전 그러지 못하고, 마음에 들면 아무나와 친해지고 이래서야 어디 정치하겠습니까? 또 하고 싶은 말도 때로는 참기도 해야 하는데 전 영 아니거든요. 김홍신 작가가 그렇잖아요? 하고 싶은 말했다가 얼마나 곤혹을 치뤘습니까? 손해 보는 줄 알고도 꼬마 민주당 따라 갔고요, 국민들에게 점수는 많이 땄지만 지역구 출마에서 실패했지요, 그리고는 아예 정계 은퇴했잖아요? 전 아닙니다. 또 정치할 만한 경제적 여유도 실력도 없고요. 전 그저 즐겁게 사는 게 좋아요. 절대 정치 안합니다. 아니 못합니다. 정치 거물들과 친분이 있어 함께 하는 자리는 많지만요. 근데 이게 헛소문이 나서 내가 정계 진출할 거라는 루머가 퍼졌어요. 하하하."

"정말 이시지요? 하하하. 하긴 작가님 성품이 그런 자리는 어울리지 않을 거 같아요!"

"저 같은 사람이 정치를 하면 어떤 사태가 벌어지는 줄 아세요?"

"네?"

"나라 망해요!"

다시 터지는 웃음소리!

그렇다. 설혹 모든 조건이 갖춰져 있다 해도 나는 정치할 성품이 못 된다. 길을 가다 붕어빵 구워 파는 포장마차 만나면 서서 거침없이 사 먹고, 동네 구멍가게 아줌마들과 농담하며 지내고, 자다가도 어딘가 가고 싶으면 시도 때도 없이 차 몰고 바닷가나 산속을 찾아가 며칠씩 묵으며 책도 읽고 사색도 하고. 운 좋게 공부하신 승려 만나면 시간 가는 줄 모르고 대화 나누고.

박태준 총재야 어려서부터 워낙 존경하던 분이라 옆에서 조금이라도 도움 되는 일이 있다면 게으르지 않겠다고 작심한 터였지만, 내가 정치할 생각은 언감생심이다.

나는 너무나 자유로운 영혼을 가진 사람이다. 이런 사람이 어찌 정치를 하랴?

그런데 왜 유독 나에게만 이런 소문이 퍼졌을까?

물론 정치 거물들과 어울린 탓도 있지만 신문에 정치소설, 시사 칼럼을 많이 쓴 이유가 컸다. 나라를 비판하고 격려하는 것은 국민의 도리다. 잘못된 것은 비판하고 잘하는 것은 편들어 줘야 한다. 이건 한 사람의 국민으로서 또 작가로서의 책무다. 외부의 시선으로 보면 정치에 뜻이 있어 보이지만 그건 아니었다.

이런 헛소문은 이 방송 한방으로 영원히 잠재워 졌다.

한국일보 시사주간지 《주간한국》 박승평 국장의 따뜻한 연락이 왔다.

"티비 잘 보았습니다! 이제 오해들이 다 풀리겠네요!"

"아, 보셨군요. 감사합니다. 오해는 풀린 거 같습니다. 하하하."

3~4년 전인가? 마포 가든호텔 맞은편 한 주유소 앞을 걸어가는데 자동차 클랙션 소리가 요란하게 들린다.

빵~~빵~~빵!

놀라서 열린 차창을 들여다보니 이지연 아나운서다. 웃으며 바라본다.

"아! 이지연 씨. 잘계셨죠?"

시간과 장소만 좋았다면 끌어내 밥이라도 멋지게 샀을 텐데. 옆자리엔 동행자도 있고. 옛날 먹자 클럽의 대장 이지연 아나운서 제발 늙지 마세요?

내 영혼과 추억 속의 사람들

반기문

안영수

잊을 수 없는 친구

안영수 전 경희대 인문대학장 · 현 영어 국제대학원 총장
반기문 전 UN 사무총장

작가로 데뷔한 지 몇 주 지나지 않아 가장 먼저 원고 청탁을 한 곳은 《한국경제》신문이었다. 문화부 박성희 기자였는데 원고 청탁 내용이 좀 특이했다.

"정 선생님, 우리 신문에 〈잊을 수 없는 사람들〉이란 코너가 있어요, 명사분들께서 돌아가며 써 주시는 글인데 이번엔 작가님에게 청탁하는 겁니다. 이 청탁받고 제일 먼저 머리에 떠오르는 분을 써 주시면 됩니다. 원고지 6~7매 정도입니다. 되시겠지요?"

"아 네, 물론입니다. 원고 쓰는 대로 바로 보내드리겠습니다."

통화가 끝났다. 그리고 통화가 끝나자 마자 잊을 수 없는 사람이 머리에 떠오른다.

당시 경희대에서 영문학과 교수로 재직 중인 안영수 교수다.

안영수. 어릴 적 이름은 안경수였지만, 언제부터인가 안영수로 이름을 바꿔 쓰고 있었다. 나와는 충주 남산초등학교 동창이다.

안영수를 처음 만난 것은 1952년 3월이다.

6 · 25와 1 · 4후퇴를 청안에서 보낸 나는 1.4후퇴가 끝난 뒤에도 조금 더 청안에 머물고 있었다. 워낙 호되게 고생한 터라 부친께서 상황을 좀 더 보고 충주로 가자 하셨기 때문이다. 그래서 충주에 있던 다른 친구들은 2학년이 되었지만 나는 이들이 3학년이 된 뒤에야 2학년으로 복귀할 수 있었다. 1년 늦은 셈이다.

전쟁의 폐허에서 다시 시작한 학교 수업은 사실 엉망진창이었다.

교실 정리가 안돼 허름한 창고를 얻어 공부했는데, 바닥엔 가마니를 깔았고 책상이 없어 큰 목판을 받침대로 쓰거나 목공소에서 일인용 책상을 만들어 가지고 다니며 공부하는 학생도 있었다. 선생님은 교탁도 없이 칠판 하나에 의존하여 가르쳤다.

기억력 좋기로 유명한 나였지만 이때 담임선생님이 누군지 아직도 성함도 얼굴도 기억하지 못하고 있다.

그러나 내가 1분단 분단장이었고 나보다 나이가 두 살 더 많은 여학생이 반장이었다는 것은 또렷이 기억하고 있다. 그 반장의 동생 안경자도 같은 반에 있었다.

우리 반장 여학생이 바로 안영수다.

키도 크고 얼굴도 잘생긴 데다 나이까지 많아 나는 참 어려워했다.

2학년을 보내고 3학년을 또 그렇게 보냈다. 우리 반에서 1등은 언제나 안영수였다.

4학년이 되어서야 비로소 복구된 학교로 들어갈 수 있었는데, 이때는 남여 학생을 분리시켜 반을 편성했다. 나는 4학년 1반. 안영수는 3반이 되었다. 2년 만에 갈라진 셈이다. 그는 3학년 때부터 학교에서 두각을 나타냈는데 워낙 공부를 열심히 하고 머리가 뛰어나 모르는 학생들이 없었다.

1반도 우수한 학생이 몰려있었다. 학급으로 따지면 4학년 1반은 언제나 전교 1등이다. 이 성적은 6학년 때까지 이어졌는데 이건 3년을 내리 담임을 맡은 홍기철이라는 담임선생님 덕이다.

지금도 동창들이 모이면 홍기철 선생님이 얼마나 헌신적으로 우리를 교육시켰는지에 대해 말하고 감사히 생각한다. 우리 반은 '충청북도지정연구반' 으로 선정되기도 했다.

충북 내에서도 유명한 학급이 된 것이다.

앞서 말한 대로 5학년 시절 어린이 잡지에 내 글이 당선되어 학교를 발칵 뒤집어놓았고, 이때부터 학교 스타가 되었다.

당시 전쟁 직후 여러 웅변대회가 있었고, 안영수와 나는 학교 대표로 선발되어 둘은 늘 같이 대회에 참석했었다.

충주를 대표해서 청주까지 진출하기도 했을 정도였다. 그러다 보니 친해질 수밖에 없다. 더구나 집이 가까이 있어 5분 거리도 안 된다. 나는 가끔 안영수 집에 놀러 갔는데 그의 큰언니가 나를 무척이나 귀여워해 주셨다. 내가 놀러 가면 이런저런 이야기를 꺼내 토론도 시켜주었고, 좋은 말도 많이 해주셨다.

그런데 안영수는 생활이 무척 힘들어 보였다. 홀어머니 밑에 세 자매가 단칸방에서 함께 살았다.

동생 안경자는 그저 평범한 여학생이었지만 언니와 영수는 타고난 천재 같았다. 그런 언니였지만 동생을 위해 학업을 포기하고 돈벌이로 나섰다.

나는 그런 언니가 영수만큼이나 훌륭하게 보였다. 어린 마음에도 존경심 같은 것을 가지게 되었다.

그렇게 가까이 지내던 안영수와 헤어진 것은 중학교 진학 때문이다.

영수는 충주여중으로, 나는 충주중학교로 갈라졌고 중2, 중3을 청안에서 보낸 탓이다.

충주고등학교에 입학하여 충주로 복귀하게 된 나는 어느 날 안영수를 찾아갔다.

청안중학교 시절 건방지게도 소련 작가 보리스 파스테르나크의 노벨문학상 수상작 『닥터 지바고』를 구입했다가 너무 어려워 두어 장 읽고 포기한 일이 있었는데, 충주로 복귀한 시점엔 어네스트 헤밍웨이의 노벨상 작품인 『노인과 바다』를 읽지 않으면 대접을 받지 못할 정도였다. 이 책을 구할 수 없는 나는 안영수에게 SOS를 쳐 구해 읽었다.

『노인과 바다』에 반해 버린 나는 『무기여 잘 있거라』 『누구를 위하여 종은 울리나』 등을 구해 닥치는 대로 읽어댔다. 그의 얼굴이 멋있어 사진을 구해 벽에 걸어 놓기까지 했을 정도로 좋아했다.

고2가 되었다. 앞서 말한 대로 나는 선배들 추천으로 충주 고등학생들의 문학 서클인 〈상록수〉에 가입했다. 안영수는 충주여고 대표로 가입하여 적어도 한 달에 한 번 정도는 만나 작품을 발표하였고, 열띤 토론을 벌이기도 했다.

이무렵 학교에서는 1년에 한 번 학교 교지를 만들었는데 아예 상반기, 하반기 두 번씩 학교 신문을 만들기로 결정하였다. 그리고 이 신문 제작의 모든 책임과 권한이 나에게 주어졌다. 지도 교사로는 당시 서울교대 출신인 안승덕 국어 선생님이 맡아하였다.

여름방학과 겨울방학 전 교사와 학생들의 원고를 받아 방학기간 동안 편집을 끝내고 개교하면 이를 학교 내에 배포하였다.

고3 여름호에 나는 내 글을 한 페이지나 올렸다.

우연히 입수한 영국 시인이며 4월은 가장 잔인한 달로 시작되는 유명한 시 「황무지」로 유명한 영국 시인 T.S 엘리엇의 시와 평론집이었다.

어떻게 내 손에 들어 왔는지 모르지만 엘리엇 전집이 손에 들어 왔고 그의 평론 「전통과 개인의 재능」이란 글에 홀딱 빠져있었다.

그가 받은 노벨상 작품인 「황무지」는 너무 어려웠다. 미국 시인 에즈라 파운드를 모르면 엘리엇을 알 수 없는 작품이라고 할 정도였다. 엘리엇은 원래 미국인이었지만 영국으로 귀화하여 왕성한 작품을 발표하였고 영국 시인으로 대접받았다.

어려우면 어려운대로 읽고 해설을 읽으며 그에 대한 공부를 열심히 하였다. 그리고 논문을 발표한 것이다.

안승덕 국어 선생님은 "소설가 되는 것이 꿈인 건 알지만 문학평론가로 도전해 보는 것도 좋겠다"며 칭찬을 아끼지 않았다.

나는 이 논문이 실린 신문을 안영수에게 주었다. 엘리엇을 아는 것을 자랑하고 싶었다. (내가 안영수에게서 헤밍웨이 작품을 얻어 읽은 일과 엘리엇 논문을 준 이 장면을 꼭 기억하여 주시기 바랍니다. 그럴 이유가 있지요.)

안영수는 그때까지도 여전히 전교 1등이었고 고3 때는 학생위원장에 선출되어 충주여고를 이끌어 가고 있었다.

가난은 여전했다. 언니는 돈을 벌기 위해 일하고 있었다.

그리고 고등학교를 졸업하고 소식은 여기서 멈추어졌다.

쉐라톤 워커힐에 근무할 때다.

언제 어디서 어떻게 들었는지 기억엔 없지만 고등학교를 졸업하고 처음으로 안영수 소식을 들었다.

경희대 영문학 교수가 되었다는 것이다. 이 말을 듣는 순간 온몸에 전율이 돋았다.

대학교수라니! 물론 세상 쉽게 포기하고 물러날 인물은 아니라 짐작은 했지만 그 어려운 생활을 생각하면 이건 분명 기적이었다.

기뻐했다. 너무 기쁘고 행복했다. 마음 진심으로 축하해 주고 또 축하해 주었다. 무슨 마술을 부렸는지는 모르지만 그 힘겨운 삶을 이겨내고 성공한 것이다.

그리고 그의 성공은 나를 돌아보게 만들었다.

사업을 하시던 부친 덕에 삶이 그리 힘들지는 않았다. 그러나 오래 가지는 못했다. 사업을 너무 크게 벌려 마침내 부도를 냈고 집은 쓰러졌다. 풍지박산이 난 것이다.

나는 공부하기 위해 손등이 갈라지고 코피 터지게 일했지만 역부족이었다.

나는 군에 입대해버렸고 제대 후 용케도 국제관광공사에 입사할 수 있었다.

국제관광공사를 민영화시켜 선경그룹의 쉐라톤 워커힐에 근무하게 된 것이다.

그렇다 해도 나는 안영수보다는 좋은 조건에서 커왔고 살아왔다. 그만큼 그는 힘겨운 삶을 살아온 것이다.

'도대체 난 뭘 한 거야?'

절대 질투심이 아니었다. 그의 성공은 내 삶을 반성케 하는 계기가 되었다.

그래도 그보다는 나은 환경이었는데 내가 게을렀어! 당장이라도 학교로 찾아가 만나 보고 싶었지만 회사 말단 사원 꼴로 찾아가기에는 내 모습이 너무나 초라해 보였다.

나는 나에게 채찍질을 하기 시작했다.

서두르자. 평생 꿈이던 작가의 길을 가자. 그래서 멋진 모습으로 만나자!

《한국경제》에 보낸 원고에는 이런 내용의 글이 쓰여 있었다.

……나는 그래도 그보다는 나은 환경이었는데 나는 지금 회사 말단사원이고 안영수 친구는 대학교수가 되었다. 그것은 나를 반성하고 돌아보게 만들었다. 작가 데뷔를 서두르게 되었다. 만나면 진심으로 축하해 줄 것이다……

매스컴의 위력은 대단했다. '잊을 수 없는 사람들' 글이 나간 지 며칠 되지 않아 마침내 안영수로부터 전화 연락이 왔다.

"건섭이지? 건섭이 맞지? 나 안영수야!"

"엉? 영수? 하하하. 반갑다. 얼굴 봐야지?"

"응! 전화로 긴 애기할 수 없으니 학교로 놀러 와. 내 연구실 구경도 하고 밀린 애기도 하고. 날자와 시간 정해주면 학교 정문 경비실 앞에서 기다릴게!"

마침내 우리의 재회는 그렇게 이루어졌다.

그렇게 오랜만에 만났지만 우리는 여전히 영수야, 건섭아로 불렀다. 어릴 적 동심이 그대로 살아남아 있기 때문이다.

자신의 연구실로 안내한 안영수는 서랍을 꺼내 두툼한 봉투 하나를 꺼낸다.

"건섭아, 이거 봐라. 선후배 친지들이 보내준 거야."

뜻밖에도 거기엔 내가 한국경제에 쓴 글을 복사한 것들이 잔뜩 들어 있었다.

"너 때문에 축하인사 참 많이 받았다. 그 긴 세월이 지났는데도 날 이렇게 생각해 주는 남자친구가 있다는 게 얼마나 행복한 줄 아냐면서 더군다나 소설가가……"

"고맙긴. 오히려 내가 고맙지. 그런데 정식 교수하려면 박사학위는 따야 하잖아. 어디서 어떻게 딴 거야! 그 어려운 영문학을……"

"알다시피 내가 대학 갈 돈이 어디 있었겠어! 고등학교 졸업하고 충주비료공장 외국인 기술자 집에 들어가 일해 주고, 돈도 벌고, 영어도 배우며 공부해서 들어갔지. 너희 충고 선배가 이곳을 추천해 주었고 장학금으로 공부했어. 학교에서 벨기에로 유학 보내서 거기서 영문학을 전공한 거야! T.S 엘리엇에 대한 논문으로!"

'T.S 엘리엇?'

나는 깜짝 놀랐다. 엘리엇이라면 내가 고등학교 때 심취해 있었고, 그의 글을 분석하는 논문까지 쓰지 않았던가? 그리고 그 글을 영수에게 선물하지 않았던가?

그러나 그 말은 차마 못했다. 엘리엇 전문가에게 쥐뿔도 모르고 평론을 쓴 내가 가소러워 보였기 때문이다.

안영수는 고교시절 내게 헤밍웨이의 작품을 알게 했다.

현대 학자들은 헤밍웨이의 문체를 하드보일드식 문체라 평가했다.

하드보일드라면 잘 익힌 계란을 말하며, 그런 문체란 현학적 어휘나 문장에 기교를 부리지 않고 있는 사실 그대로를 쓰는 문체를 말한다. 문장에 꾸밈이 없고, 짧고 강렬하며 빠르고 경쾌하게 쓰는 기법이다.

내 소설을 읽는 독자들은 내 문장이 현학적이지 않고 별 꾸밈없이 빠르게 전개되는 것에 환호해 주었다.

"바로 옆에서 사건이 터지는 거 같아요. 실감나게요. 그리고 전개가 빠르고요. 그래서 읽기가 편합니다. 군더더기 하나 없이요."

나의 이런 문장, 그것은 헤밍웨이를 읽으며 터득하고 몸에 익힌 문장기법이다.

나는 어릴 적 안영수에게 T.S 엘리엇을 주었고 안영수는 내게 헤밍웨이를 주었다.

그녀는 T.S 엘리엇으로 박사학위를 취득했고, 나는 헤밍웨이 문장기법으로 신문에 매일 소설을 쓰고 있었다.

그렇게 언니 이야기, 내 누님 이야기, 건강 문제 등 그야말로 밀린 얘기로 꽃을 피우더니 난데없이 반기문 얘기를 꺼낸다.

"참 반기문하고는 연락하니?"

"아니? 언젠가 승진했다는 보도를 보고 연락했는데 연결이 안 되어 포기한 일은 있어!"

"그랬구나. 난 가끔 만나. 네가 작가가 된 것을 보도 보고 알고 있고!"

반기문!

내가 고3이 된 지 얼마 뒤의 일이다. 아침 조회시간에 교장 선생님이 한 학생을 불러 옆에 세운다. 반기문이다. 이미 교내에서는 공부 잘하고 얌전한 이 학생을 모르는 사람이 없었다.

워낙 공부를 잘했기 때문이다.

교장 선생님은 그를 불러내 세운 이유를 설명하기 시작했다.

전국 영어웅변대회에서 좋은 점수로 입상하였고 이에 대한 부상으로 미국 워싱턴까지 가서 케네디 미 대통령을 만나고 왔다는 것이다.

이 일이 있은 후부터 반기문은 전교생은 물론 충주 전 지역 학생들의 존경의 대상이 되었다. 그는 당시 학생들 간에 유행했던 영어 참고서 유진의 구문론을 쉽게 풀어 자기반 학생들을 가르칠 정도로 영어에 관한 한 타의 추종을 불허하였다.

1년 아래지만 선배들도 반기문에게는 함부로 대하는 학생이 없었다.

그럴 수밖에 없지 않은가?

그가 고교를 졸업하고 서울대에 입학했을 때도 놀란 사람은 아무도 없었다. 워낙 뛰어난 실력파 아닌가?

소문에 의하면 그도 안영수처럼 비료공장 외국인 기술자에게서 영어를 배웠다는 말도 있고, 원래 영어의 천재였다는 말도 있다. 어찌 되었던 그는 최고의 영어 실력자였다.

안영수와는 1년 아래이고 학교도 다르지만 영어라는 공부 때문에 친하게 보낼 수도 있었을 것이다. 게다가 반기문 부인 유순택 역시 충주서 알아주는 실력파에 미인이었고 안영수 후배 되니 이래저래 친구처럼 보냈을 것이다.

글 쓰는 내 누님이 우리가 중1 때 충주여고 학생회장을 역임했고, 6년 후 안영수가 역시 학생회장이 되었다. 그리고 2년 후 반기문 부인 유순택 씨 역시 충주여고 학생회장을 지냈다.

작은 도시지만 이렇게 서로 얽혀있었다.

학교에서 같이 간부생활을 했으니 반기문과 가깝게 보냈으리라 생각했겠지만 1년 후배에다 서로 조금은 어려운 사이라 각별하게 보내지는 못했다. 그렇다고 반기문 총장이 나를 모를 리 없고, 내가 반기문을 잊을 리 없다. 1년 선후배라도 잊지 않는 건 역시 학교생활이 특별했기 때문이다.

반기문 총장이 외무부에서 승승장구하고 내가 작가로 데뷔하여 이름을 날리던 무렵, 두 사람은 충주고 동문회에서 조금은 비난받는 신세가 되었다. 동문회를 외면한다는 이유 때문이다.

그 후 나는 동문 체육회에 가끔 참석도 하고 동기동창들 모아놓고 밥도 사고했지만, 그런다고 환영받을 정도는 아니었다.

건방지다! 동문 외면한다 라는 이유로 밉상이 되었지만 그건 동문들의 짧은 생각이었다.

건방진 것도 아니고 외면한 것도 아니다. 그럴 시간이 없었던 것이다.

자가용이 없어 영업용 택시를 대절하여 신문사 잡지사 방송국 인터뷰를 돌아다녔고 긴 글, 짧은 글 수없는 원고 청탁에 몸살을 앓았다. 미처 하지 못한 공부하며 새 생활에 적응하랴 방송하랴 새 친구들 알아가랴 여념이 없던 시절 아닌가?

내가 그 모양이니 큰 꿈을 가진 반기문이야 어찌 쉽사리 시간을 내 줄 수 있으랴!

이렇게 성공해가고 출세하는 것만으로도 충주고를 빛내는 일 아닌가?

그런 그를 졸업 후 딱 두 번 만났다.

그가 남북협상 수석이 되어 자민련 총재를 인사차 방문한 일이 있었다. 그때 나는 최측근에서 박태준 총재를 보필하고 있을 때였는데 마침 총재께서 자리를 비워 내가 대신하여 접대한 일이 있었다. 복잡한 총재실이라 긴 얘기는 나누지 못하고 헤어졌고, 또 한 번은 충북 인사들의 모임이 있었는데 모임에 참석하러 가는 길에 만났다.

그때나 지금이나 서로 어려운 사이라 간단한 안부 인사만 나누고 회의가 끝났을 때는 악수도 못하고 헤어졌다.

그리고 얼마 후 UN 사무총장으로 취임했다.

될 사람이 된 셈이다. 너무 자랑스럽고 고마웠다. 우리가 좀 더 마음을 열어놓고 친했다면 안영수까지 어울려 참 좋았을 것이다.

"다음에 시간 나면 셋이 모여 밥이나 먹자. 반가울 거야!"

"좋지! 언제든 불러."

하지만 그런 약속이 쉽게 이뤄지는 건 아니다. 안영수와는 수차례 더 만났지만 반기문 총장과는 아직도 셋이 한 번 모여보지 못했다.

대통령에 출마한다 했을 때 나는 사퇴를 바랐다.

대통령은 김대중이나 김영삼 전두환 노무현 같은 배포 크고 산전수전 다 겪은 사람이나 하는 일이다. 행정관 출신으로 이 험난한 가시밭길을 헤쳐나가기엔 그런 경험이 전혀 없는 분이다. 그리고 그의 학자나 선비 같은 성격도 정치엔 맞지 않는다.

모두가 알다시피 스스로 사퇴하지 않았는가? 지금 생각해도 참 잘한 거 같다.

내가 만난 사람 중 대통령이 될 성품을 가지지 못한 분이 또 있다.

바로 박태준 총리가 그다!

충주의 두 수재들 안영수와 반기문!

이 둘 중 하나는 내 친구이고 또 하나는 동문이라는 것이 한없이 자랑스럽다.

1943년 충북 충주 출생

1954년 소년소녀 잡지 《소년세계》 공모 어린이 작문 모집에 꽁트 「가죽장갑」 당선

1960~61년 충주지역 학생 문학회 〈상록수〉 회원으로 활동

1972년 선경그룹 사보 사원 수필 공모에 당선

1977년 시인 동인회 〈창조문예〉에서 활동

1979년 성기조, 박화목, 설창수 등 원로 문인들이 주축이 된 문예지 《시와 시론》에 시 작품 「떠나는 강」 외 2편, 평론 「김춘수의 무의미 속의 의미」로 시, 문학평론으로 문단 데뷔

1982년 대학교재 『문예창작법 신강』 출간
시, 수필(성기조) 소설(김동리) 희곡(차범석) 문학평론(정건섭) 공저

1983년 10월 한국문학에 발표한 시 「여의도」가 신달자, 곽재구 등의 작품과 함께 《중앙일보》 이달의 시에 선정

1983년 12월 5일 명문 출판사 현암사에서 정통파 장편 추리소설 『덫』 출간으로 추리작가 데뷔, 전국적인 센세이션을 일으키다

1984년 1월 『덫』 전국 베스트셀러 6위

1984년 2월 대학교 영문학 교수 주축 추리문학연구회 〈미스터리 클럽〉에서 제1회 한국추리문학상 수여(회장:이가형 당시 국민대학 인문대학장)

1984년 3월 MBC 베스트셀러 극장에서 임채무 주연으로 드라마화 방영

1984년 2월 KBS 1라디오에서 라디오 프로 진행자로 활동하다(MC)

1984년 5월 정통파 추리소설 제2탄 『5시간 30분』 출간으로 또 한 번 센세이션을 일으키다. 『덫』과 『5시간 30분』은 지금도 추리소설 애호가들의 사랑을 받고 있다

1984년 하반기부터 《주간조선》에 장편추리소설 「처형」과 《소설문학》에 「몽타주」 연재

1984년 8월 《소설문학》 표지 작가로 선정되다

1985년 2월 24~3월 2일 포르투갈 정부 초청 세계추리작가대회에 이가형, 김성종과 함께 참가, 이후 김성종과 함께 서유럽을 일주하며 견문을 넓히다

1985년 6월 새로 창간한 《스포츠서울》에 창간 기념작 「죽음의 천사」 연재

1985년 12월 대만에서 개최된 한 · 중 작가대회에 참가하다

1986년 MBC라디오 심야추리극장 10여 편 발표

1986년 전국 각 사보에 발표했던 추리꽁트 34편을 모아 추리꽁트집 『미스터리 34』를 행림출판사에서 출간

《주간조선》에 연재했던 『처형』을 행림출판사에서 출간

1986년 7월 《스포츠서울》 창간 기념작 『죽음의 천사』를 행림출판사에서 출간

《소설문학》에 연재했던 『몽타주』를 소설문학사에서 출간

1987년 7월 여성교양지 《여성자신》에 별책 부록으로 중편 추리소설 「웨딩킬러」를 발표

1987년 8월 「웨딩킬러」를 〈밤안개〉라는 제목으로 KBS-2TV에서 드라마로 만들다(연규진, 백윤식 주연)

1987년 영화를 목표로 한 멜로 추리소설 〈그대 품에 아카시아 향기〉를 발표. 이 작품은 1989년 신성일 등 인기 스타들의 출연으로 영화화되어 서울 3개 극장에서 동시 개봉

1988년 1년간 올림픽 테러를 가상한 추리소설 「위험한 영웅들」을 《부산일보》에 연재

1989년 KAL 858기 테러 사건을 소재로 한 「마유미 최후의 증인」을 소설화하여 한 · 일 동시 출판(일본:光文社)

일본 도쿄TV, 후지TV, 아사히 신문에 대대적으로 보도되다

《부산일보》에 연재했던 『위험한 영웅들』을 행림출판사에서 출간

《일간스포츠》 창간 20주년 기념작 「천사여 침을 뱉어라」 연재

1990년 문이당 출판사에서 전작 장편추리소설 『호수에 지다』 출간
수원 《중부일보》에 모델 윤영실 실종사건을 다룬 「정지된 시간」을 발표
하반기 삼중당 출판사에서 본격 추리소설 『스키장 살인사건』을 출간

1991년 《스포츠조선》에 현대 정치사를 다룬 「제2의 찬스」를 연재하며 1992년까지 이 작품에만 몰두하다

1992년 『제2의 찬스』를 출판사 기린원에서 출간

1993년 3년간 《매일경제》에 석간에서 조간 전환 기념작 「블랙커넥션」을 연재

1996년 『블랙커넥션』(전 5권)을 고려원에서 출간

1997년 중국 연변출판사에서 『천사여 침을 뱉어라』 『제2의 찬스』 등 12권 출간
《스포츠조선》에 「제8 공화국」 연재

1998년 정치 비판 소설 『마지막 3김시대』 출간

1999년 문명비판과 종말 예언서 『종말은 예언처럼 오는가』 출간

2001년 『성모마리아 지옥에 가다』를 도서출판 개미에서 출간

2002년 『황장엽을 암살하라』를 도서출판 연인에서 출간

2004년 문예물 단편소설 「암자로 가는 길」이 《한국소설》 이달의 작품으로 선정

2007년 마음 닦기의 불교이론 『사람에게서도 향기가 난다』 출간

2008년 국내 최초 탁구소설 『탁림 고수』를 도서출판 연인에서 출간

2010년 『황장엽을 암살하라』를 재출간

2013년 장편 추리소설 『인간병기 흙피리』를 연인에서 출간

2018년 그동안 침묵을 깨고 인물 중심의 회고록 『내 영혼과 추억 속의 사람들』을 도서출판 개미에서 출간